语文教学的理论与实践创新研究

罗 璇 著

吉林摄影出版社
·长春·

图书在版编目（CIP）数据

语文教学的理论与实践创新研究 / 罗璇著. -- 长春：吉林摄影出版社，2023.6
ISBN 978-7-5498-5843-9

Ⅰ. ①语… Ⅱ. ①罗… Ⅲ. ①语文教学－教学研究 Ⅳ. ①H19

中国国家版本馆CIP数据核字(2023)第115064号

语文教学的理论与实践创新研究
YUWEN JIAOXUE DE LILUN YU SHIJIAN CHUANGXIN YANJIU

著　　者	罗　璇
出 版 人	车　强
责任编辑	李　彬
封面设计	文　亮
开　　本	787毫米×1092毫米　1/16
字　　数	200千字
印　　张	10.25
版　　次	2023年6月第1版
印　　次	2023年6月第1次印刷
出　　版	吉林摄影出版社
发　　行	吉林摄影出版社
地　　址	长春市净月高新技术开发区福祉大路5788号
	邮编：130118
网　　址	www.jlsycbs.net
电　　话	总编办：0431-81629821
	发行科：0431-81629829
印　　刷	河北创联印刷有限公司
书　　号	ISBN 978-7-5498-5843-9　　　定　价：56.00元

版权所有　　侵权必究

前　言

　　小学语文教学，主要是根据小学生的心理特点等进行教学。从学生的角度来看，在学习的过程中，其自身的文化水平对学习效果具有较大的影响，为此教师要选择适合学生文化水平的教学模式进行教学。

　　对于小学语文教学工作来说，当教师在教学过程中面对一篇文章的教学时，首先需要考虑的是小学生自身的文化水平，开展什么样的教学模式才能够更好地帮助学生掌握文化知识。在当前的小学语文教学中，教师在进行文化知识教学时，有时会根据自身的理解来进行课堂教学内容的选择，而对于学生能否掌握，教师在进行备课时并没有过多考虑，这使得小学生在学习过程中由于受到自身文化水平的影响，而学得较为吃力。还有一些学生由于自身的学习成绩一直不理想，使其在学习时产生了厌学情绪，影响今后的学习。选择合适的教学模式，能够让学生在学习的过程中更加高效地了解教师讲解的内容，提高学习成绩。

　　本书以小学语文教学为研究对象，运用现代教学设计理论，对小学语文教学的基本问题进行了梳理和探讨。全书内容包括小学语文教学艺术特点、理念与风格，小学语文教学原则，小学语文读与写教学，小学语文教学与提问，小学生作文教学以及教学评价进行研究，是一部理论性和实践性紧密结合的小学语文教学研究论著。

　　本书引用了部分教育教学专家和一线小学语文教师的论文和论著，指导读者通过阅读文献，了解小学语文教学改革的历史和前沿问题，有利于培养其文献阅读能力，为将来从事教育教学理论研究和实践研究奠定基础。本书成书仓促，错漏之处在所难免，恳请广大读者批评指正。

目 录

第一章 小学语文新课程概述 ... 1
第一节 小学语文新课程的教学理念 ... 1
第二节 小学语文新课程的教学目标 ... 7
第三节 小学语文新课程的实施建议 ... 18

第二章 小学语文的教学现状 ... 24
第一节 小学语文教学现状的调查 ... 24
第二节 小学语文教学中存在的问题 ... 32
第三节 小学语文教学现状的成因分析 ... 36

第三章 小学语文教学原则 ... 44
第一节 语义课堂教学结构优化原则 ... 44
第二节 听说读写相辅相成原则 ... 48
第三节 语言训练与思维训练相结合原则 ... 51
第四节 课内教学与课外学习相结合原则 ... 55

第四章 小学语文阅读教学生活化的策略与研究 ... 60
第一节 小学语文阅读教学生活化的独特内涵 ... 60
第二节 生活世界下的小学语文阅读教学探析 ... 67
第三节 董旭午生活化语文阅读教学的研究 ... 77
第四节 小学语文阅读教学生活化的实现对策 ... 86

第五章 小学语文教学与提问 94
第一节 小学语文阅读教学中有效提问的方法 94
第二节 小学语文课堂提问的有效方式方法 98

第六章 小学语文写作教学生活化的策略与研究 102
第一节 小学语文写作教学生活化的独特内涵 102
第二节 小学语文写作教学生活化中存在的问题及原因 109
第三节 小学语文写作教学生活化的改进策略 116

第七章 小学语文的教学评价 130
第一节 小学语文教学评价的介绍 130
第二节 小学语文教学评价的现状 140
第三节 小学语文教学评价的指导思想 144
第四节 小学语文教学评价的理念 149
第五节 小学语文教学评价的原则 151
第六节 小学语文教学评价的方法 153
第七节 小学语文教学评价应注意的问题 155

参考文献 157

第一章　小学语文新课程概述

第一节　小学语文新课程的教学理念

语文是最重要的交际工具，是人类文化的重要组成部分。工具性与人文性的统一，是语文课程的基本特点，语文课程应着重于学生语文素养的形成与发展。语文素养是学生学好其他课程的基础，也是学生全面发展和终身发展的基础。语文课程的多重功能和奠基作用，决定了它在九年义务教育阶段的重要地位。现代社会要求公民具备良好的人文素养和科学素养，具备创新精神、合作意识和开放的视野，具备包括阅读理解与表达交流在内的多方面的基本能力，以及运用现代技术搜集和处理信息的能力等。语文教育应该而且能够为培养和造就一代新人发挥重要作用。为适应和满足社会进步与学生自身发展的需要，语文教育必须在课程目标和内容、教学观念和学习方式、评价目的和方法等方面，进行系统的改革。语文课程应为提高学生的道德品质和科学文化素养，弘扬和培育民族精神，增强民族创造力和凝聚力发挥积极的作用。在小学语文教学中，教师应秉承以下四条教学理念。

一、全面提高学生的语文素养

素养，是指平日的修养，也指学识、造诣、技艺、才能和品格等方面的基本状况。语文作为一门母语教育课程，既是一种交际工具，也是一扇认识人类文明，尤其是本民族精神文明的窗户。语文学科在促进学生形成良好的个性和健全的人格，促进学生德、智、体、美的和谐发展上，起着重要的奠基作用。原先限于认知领域的"语文能力"很难全面地概括新时期语文教学的目的和功能，因此"语文素养"的概念诞生了。

在课程标准中采用"素养"一词，还有这么两层意思。一是将"素养"理解为比较稳定、最基本、适应时代发展要求的学识、能力、技艺和情感态度价值观；二是认为基础教育中各个阶段的"素养目标"是有层次差别的。语文素养是一种以语文能力为核心的综合素养，包括语文知识、语言积累、语文能力、语文学习方法和习惯，以及思维能力、人文素养等。语文素养是指学生在语文方面表现出的比较稳定、最基本、适应时代发展要求的学识、能力、技艺和情感态度价值观，具有工具性和人文性统一的丰富内涵。在课程标准中，语文素养的内涵是非常丰富的。它绝不是一种纯粹的语言技能，而是一种综合的文明素养，是个体融入社会和自我发展不可或缺的基本修养。语文素养概念的提出，使语文教学在弘扬科学理性精神，注重语言的准确、简明和实用，防止把人工具化，注重创新思维的培养、人文精神的熏陶、完美人格的塑造的矛盾张力中寻求到一种平衡，这是对历次语文教学大纲的历史性超越。

九年义务教育阶段的语文课程，必须面向全体学生，使学生获得基本的语文素养。语文课程应激发和培育学生热爱祖国的思想感情，引导学生丰富语言的积累，培养语感，发展思维，初步掌握学习语文的基本方法，养成良好的学习习惯等，使他们具有适应实际需要的识字写字能力、阅读能力、写作能力和口语交际能力，正确理解和运用语文。同时，语文课程还应通过优秀文化的熏陶感染，提高学生的思想道德修养和审美情趣，使他们逐步形成良好的个性和健全的人格，促进德、智、体、美诸方面的和谐发展。

小学语文课程应帮助学生提高较为全面的语文素养，在学生语文素养不断提高的过程中，有效地发挥作用，使学生适应在未来学习、生活和工作中的需要。小学语文课程应充分发挥自身的优势，弘扬民族精神，使学生受到爱国主义文化的熏陶，帮助学生养成热爱祖国和华夏文明，为人类进步事业奋斗的精神品格，使学生形成健康美好的情感和积极向上的人生态度。

此外，要加强小学语文课程内容与社会发展、科技进步和学生成长的联系，引导学生积极地参与社会实践活动，学习认识自然、认识社会、认识自我和规划人生，实现本课程在促进人的全面发展方面的价值追求。语文课程的功能是多方面的，小学语文课程应在义务教育的基础上，进一步发挥其育人功能。在小学语文教学中，教师应该继续促进学生的语言积累、语感和思维的发展，使学生在教学实践中，掌握语文知识和学习语文的方法。小学语文教学还应体现小学课程的共同价值，重视情感态度和价值观的正确导向，充分发挥本课程的优势，全面提高学生的语文素养和整体素质。

二、正确把握语文教育的特点

语文课程丰富的人文内涵对学生精神领域的影响是深广的，学生对语文材料的感受和理解又是多元的。因此，应该重视语文的熏陶感染作用，注意教学内容的价值取向，同时也应该尊重学生在学习过程中的独特体验。语文是实践性很强的课程，应着重培养学生的语文实践能力，而培养这种能力的主要途径也应该是语文实践。语文又是母语教育课程，学习资源和实践机会无处不在，无时不有。因而，应该让学生更多地直接接触语文材料，在大量的语文实践中体会和掌握运用语文的规律。

小学语文课程具有丰富的人文内涵和很强的实践性，因此小学语文教学要注重应用，加强语文课程与社会发展和科技进步的联系，加强其与其他课程的联系，以适应社会生活和学生自我发展的需要。要使学生更好地应用语文，掌握语言交际的基本规范和能力，并养成认真负责和实事求是的科学态度，就应该发挥教学内容的价值取向和语文的熏陶感染作用，尊重学生在学习语文过程中的独特体验。

语文教学应该注意汉语言文字的特点，重视培养学生的语感和整体把握能力，让学生在广泛的语文实践中学语文、用语文，逐步掌握运用语言文字的规律。语文课程还应考虑汉语言文字的特点对识字写字、阅读、写作、口语交际和学生思维发展等方面的影响，在教学中尤其要重视培养良好的语感和对文本整体把握的能力。

从学生长远发展的角度看，审美意识和能力的形成，与发展对于人改造客观世界和人的自身发展具有重要的意义。它能使人按照美的规律去认识和改造世界，而只有懂得世界的美，并能够创造美的人，才能成为恩格斯所说的"各方面都有能力的人"。掌握审美的方式，对于帮助学生认识世界和促进他们的发展都有着积极的意义。美育具有多手段、多渠道性。让学生投入丰富多彩的大自然，可以让学生感受大自然的美丽和惬意；让学生接触异彩纷呈的社会生活，可以培养学生辨别真伪、善恶、美丑的能力；让学生积极参与体育锻炼，可以让学生具有美的精神和体魄，这些都是美育的途径。然而，文艺美更可以使学生集中地感知、理解和体验美，受到美的教育。诚如毛泽东在评论社会生活美和文艺美时指出的，"因为两者都是美，但是文艺作品中反映出来的生活，却可以而且应该比普通的实际生活更高、更强烈、更有集中性、更典型、更理想，因此就更带有普遍性。"这样从文艺美入手去进行美育，美育的高度、深度和广度就上了一个台阶，就可以获得更加理想的效果。小学语文课时充分、内容广博，又集中体现了文艺美。在小学语文教学中，落实美育就成了小学阶段美育的优先手段和途径。

社会存在决定社会意识，审美对象的存在是审美意识产生的前提。"只有音乐才能唤醒人的音乐感觉""艺术对象创造出懂得艺术和能够欣赏美的大众"等，马克思的这些话告诉我们审美对象能培养人的审美意识，培养审美意识必须以审美对象的存在为前提。语文文本是自然和社会生活文字形式的审美反映，是艺术美、自然美和社会美的综合体现，所以语文文本必然是优化的审美对象。在语文教学中，落实审美教育就必然比其他学科更有优势。语文教学中的思想内容、结构安排、表现手法和语言表达等，这些都为审美教育提供了对象。由此看来，语文教学过程必须是美育的过程，美育必须时时渗透在语文教学中，才能散发它出独特的光芒。审美教育有助于促进人的全面发展，文学艺术的鉴赏和创作是重要的审美活动，科学技术的创造发明以及社会生活的许多方面，也都贯穿着审美追求。未来社会更需要美，崇尚对美的发现、创造和追求。语文具有重要的审美教育功能，小学语文课程应关注学生情感的发展，使学生受到美的熏陶，培养学生的审美意识和高尚的审美情趣，提高学生的审美感知力和审美创造力。

三、积极倡导自主、合作、探究的学习方式

自主、合作、探究教学模式，就是导引学生自主学习，通过小组交流合作和教师的指导，促使学生主动进行知识建构的创造性教学模式。自主学习是指教师采用恰当的教学方法，激发学生的学习兴趣，使学生积极主动地探究知识，并积极与同学的合作交流，充分发挥学生的主体作用。这种教学模式，有助于培养学生在学习活动中的自觉性和主动性，锻炼学生独立解决问题的能力，提高学生的创新能力。在与同学合作交流的过程中，有助于学生掌握科学的学习方法和与人合作的技巧，锻炼学生与人合作的能力。学生热烈地讨论问题，有助于营造活泼生动的教学氛围，使学生从沉闷的课堂中解放出来，使学生乐学、会学和善学，养成良好的学习习惯，促进学生的健康发展。自主、合作、探究教学模式，能充分发挥教师的主导作用与学生的主体作用。《小学语文新课程标准》鼓励学生自主探究，充分发挥学生的主体作用。作为教学活动的组织者和实施者，充分发挥教师的主导作用是突显学生主体地位的基础和前提。因此，教师要科学合理地设计和组织教学活动，使自主、合作、探究教学模式发挥最大的效果。

学生是学习和发展的主体。语文课程必须根据学生身心发展和语文学习的特点，关注学生的个体差异和不同的学习需求，呵护学生的好奇心和求知欲，充分激发学生的主动意识和进取精神，倡导自主、合作、探究的学习方式。小学语文教学内容的确定、教学方法的选择和评价方式的设计，都应有助于这种学习方式的形成。语文综合性学习，有利于学生在感兴趣的自主活动中，全面提高语文素养。它是培养学生主动探究、团结合作和勇于创新精神的重要途径，应该积极提倡。通过对小学语文课程的学习，学生应能注意观察语言、文学和中外文化现象，学习从习以为常的事实和过程中发现问题，培养探究意识和发现问题的敏感性，对未知世界始终怀有强烈的兴趣和激情，敢于探异求新，走进新的学习领域，尝试新的方法，追求思维的创新和表达的创新。

在探究活动中，学生要勇于提出自己的见解，尊重他人的成果，不断提高探究能力，逐步养成严谨、求实的学风。

探究性学习不仅是一种重要的学习方式，也是小学语文课程教学的重要内容。小学语文课程教学更加关注学生学习方式的转变，积极倡导自主、合作、探究的学习方式。学生要去独立地发现问题、分析问题和解决问题，主动构建知识，从而在知识、能力、情感、态度等方面获得发展。探究性学习是一种实践活动，要求学生能积极主动地获取知识、认识和解决问题。在探究性学习中，学生不仅要能通过亲身体验和探究活动，获得知识与技能，还要能通过探究性学习，理解事物的本质，培养探究精神，全面提高综合素质。探究性学习是培养学生的创新精神和创新能力，获得积极情感体验的创造性的学习活动。

小学语文教学要求教师在教学过程中，创造一种探究性学习氛围，以此激发学生的学习兴趣，发挥主观能动性，并且要深入挖掘教材内容，在多向质疑思辨的基础上，形成有价值的探究问题，引导学生进行学习。在小学语文教学中，要全面落实探究性学习，促使学生积极主动地学习。在小学语文教学中，教师要努力引导学生进行探究性阅读，使之获得阅读感悟和体验，做出对阅读文章的鉴赏和评价；要适时创设问题情景，引导学生质疑和进行探究，解决情景中的问题；要利用课文中隐含的深层次意义，激发学生进行自主探究式学习，提高学生的探究性学习能力；要围绕文本的解读，创设角色互动活动，让学生在角色互动中进行思考、分析和研究等。

社会的不断进步发展，要求人们思想敏锐，富有探索精神和创新能力，对自然、社会和人生具有更深刻的认识和思考。小学生身心发展日趋成熟，已具有一定的知识积累和阅读表达能力。培养小学生的探究能力，应成为小学语文课程的重要任务。小学语文教学在继续提高学生观察、分析和判断能力的同时，应重点关注学生思考问题的广度和深度，激发学生探究问题的意识和兴趣，掌握探究问题的方法，使学习语文的过程成为积极主动探索未知领域的过程。

四、努力建设开放而有活力的语文课程

语文教学应拓宽语文学习和运用的领域，并注重跨学科的学习和现代科技手段的运用，使学生在不同内容和方法的相互交叉、渗透和整合中开阔视野，提高学习效率，初步获得现代社会所需要的语文素养。语文课程应该是开放而富有创新活力的。应当密切关注学生的发展和社会现实生活的变化，尽可能满足不同地区、不同学校和不同学生的需求，确立适应时代需要的课程目标，开发与之相适应的课程资源，形成相对

稳定而又灵活的课堂机制，不断自我调节、更新发展。

小学语文课程应根据共同基础与多样选择相统一的原则，参照课程目标，精选学习内容，变革学习方式，使全体学生都获得参与社会生活所必需的语文素养。在教学活动中，教师必须顾及学生的学情、发展方向和学习需求等方面的差异，根据学生的兴趣，增强课程的选择性，激发学生的潜能，为每一位学生创造更好的学习条件和更广阔的成长空间，促进学生的个性化发展。

小学语文课程应该具有相对稳定的结构，并形成富有弹性的实施机制。学校应在《小学语文新课程标准》的指导下，有选择、创造性地设计和实施课程，帮助教师开发和利用各方面的课程资源，建立互补、互动的资源网络，建设有序、开放的语文课程体系。构建有序、开放的课程体系，应鼓励学生采用自主、合作、探究的学习方式。语文教学应为学生创设良好的自主学习环境，帮助学生树立主体意识，根据各自的特点和需要，自觉调整学习策略和心态，探寻适合自己的学习方法。合作学习有利于学生在互动中提高学习效率，培养学生的团队精神和合作意识。为了改变过去过于强调接受学习和死记硬背的机械训练的状况，教师要特别重视探究性的学习方式。应鼓励学生在个人思考的基础上，积极参与讨论和其他学习活动，善于倾听和采纳他人的意见，提高学生的沟通能力和团队协作意识。

教师是学习活动的组织者和引导者，应认真研究《小学语文新课程标准》，从课程的教学目标和学生的具体学情出发，灵活运用多种教学方法，有针对性地组织教学活动。在教学中，教师要充分发挥学生的主动性，合理地使用教材和其他教学资源，帮助学生理解和内化知识。此外，教师要努力适应新课改的需要，与时俱进，不断创新教学理念，丰富知识，提高自身文化素养和教学水平。在与学生的互动中，加强对学生的引导，实现教学相长。同时，教师应从学生的需要出发，按照学校的规划，积极开设选修课，拓展学生的学习空间，鼓励学生的个性化发展，促进有序、开放的语文课程体系的构建。

第二节　小学语文新课程的教学目标

一、教学目标简介

（一）教学目标的功能

课堂教学目标在教学过程中占据举足轻重的地位，它既是教学的出发点，也是教学的归宿。教学目标是教学的灵魂，指引着教学的方向，支配着教学的整个过程。教学目标不仅是教学活动中学生所要达到的预期结果，而且能反作用于教学活动，一旦教学目标制定，就会反过来影响教学活动。科学合理的教学目标，能够最大限度地调动学生的积极性，使教学活动产生最佳的教学效果。教学目标对教学活动所起的作用，主要包括四个方面，分别是导向功能、指引功能、反馈功能和激励功能。

1. 导向功能

导向功能是指教学目标把教学活动导向一定的方向的功能，它是教学活动的可靠依据，对教学活动起着领航作用。教学目标能使教学活动具有目的性，避免了教学活动陷入盲目的状态，促进了教学活动的有序进行，使教学活动向着有意义的方向展开，提高了教学效率。

2. 指引功能

指引功能是指引教师采取恰当的教学方法进行教学的功能。在制定教学目标后，教师就可以根据教学目标的特点和层次，选择实现该目标的合理教学策略。例如，某一课的教学目标侧重于知识的掌握或学习的结果，就应采用接受学习和讲授教学的策略，以提高教学效率。

3. 反馈功能

教学目标是检验教学效果的工具，是评价教学效果的最客观、最可靠的标准，对教学活动具有反馈功能。首先，在教学检测和教学评价中，最重要的就是要评判教学活动是否达到了预期的教学目标，以及在多大程度上达到了预期的教学目标。其次，教学目标也是对于教师授课质量评价和课程评价的重要标准之一。

4. 激励功能

当一个难度适中的教学目标与学生的内部需求相契合时，就能有效激发学生的学习兴趣，使学生积极主动地参与到教学活动中。当教学目标与学生的内部需求和兴趣相一致，或难度适中时，为了满足这些需求，学生就会为达到教学目标而努力，能够起到明显的激励学生学习的作用。

（二）制定教学目标的意义

教学目标是教学理念向教学实践转化的桥梁，是课程标准的具体化。课堂教学目标的达成，是实现课程目标的基础。所以课堂教学目标是新课程得以实施的关键，既是检验教师是否树立了先进的教学理念的标准，也是检验教师是否将先进的教学理念转变为教学实践的一个标准。因此，科学合理地设计教学目标，是实施有效教学的基础，是取得良好的教学效果的关键。

总之，教学目标的制定，在教学活动中具有极其重要的意义，具体表现在以下五个方面。第一，有利于教学的规范化。教学目标规定着教学的方向，使教师对教学有一个清晰的认识，让教师可以清楚地掌握教学内容的范围，使教学内容覆盖认知、情感和方法等方面。第二，有利于促进教师的教学。教学目标是教学的目的与归宿，使教师知道教什么、怎么教、教到什么程度。第三，有利于指导学生的学习。教学目标规定了学生的学习方向和学习行为，使学生明确知道学什么、怎么学、学到什么程度。第四，有利于师生间、学生间的交往与沟通，有助于营造活泼、生动的教学氛围。第五，教学目标是教学评价的依据。科学合理的教学目标，有利于教学评价工作的顺利开展。同时，教学目标的达成度，也是评价学生学习效果的主要依据。

二、教学目标的内容

（一）总目标

1. 在语文学习过程中，培养爱国主义感情、社会主义思想道德和健康的审美情趣，发展个性，培养合作精神，逐步形成积极的人生态度和正确的价值观。

2. 认识中华文化的丰厚博大，汲取民族文化智慧。关心当代文化生活，尊重多样文化，吸取人类优秀文化的营养，提高文化品位。

3. 培养热爱祖国语言文字的情感，增强语文学习的自信心，养成良好的语文学习习惯，初步掌握学习语文的基本方法。

4. 在发展语言能力的同时，发展思维能力，激发想象力和创造潜能。学习科学的思想方法，逐步养成实事求是、崇尚真知的科学态度。

5. 能主动进行探究性学习，在实践中学习、运用语文。

6.学会汉语拼音。能说普通话。认识3500个左右常用汉字。能正确工整地书写汉字，并有一定的速度。

7.掌握独立阅读的能力，学会运用多种阅读方法。有较为丰富的积累和良好的语感，注重情感体验，发展感受和理解能力。能阅读日常的书报杂志，能初步鉴赏文学作品，丰富自己的精神世界。能借助工具书阅读浅易文言文。九年课外阅读总量应在400万字以上。

8.能具体明确、文从字顺地表述自己的意思。能根据日常生活需要，运用常见的表达方式写作。

9.具有日常口语交际的基本能力，学会倾听、表达与交流，初步学会文明地进行人际沟通和社会交往。

10.学会使用常用的语文工具书。初步具备搜集和处理信息的能力。

（二）阶段目标

1.第一学段（1～2年级）

（1）识字与写字

①喜欢学习汉字，有主动识字的欲望。

②认识常用汉字1600个左右，其中800个左右会写。

③掌握汉字的基本笔画和常用的偏旁部首，能按笔顺规则用硬笔写字，注意间架结构。初步感受汉字的形体美。

④写字姿势要正确，字要写得规范、端正、整洁，努力养成良好的写字习惯。

⑤学会汉语拼音。能读准声母、韵母、声调和整体认读音节。能准确地拼读音节，正确书写声母、韵母和音节。认识大写字母，熟记《汉语拼音字母表》。

⑥学习独立识字。能借助汉语拼音认读汉字，用音序检字法查字典。

（2）阅读

①喜欢阅读，感受阅读的乐趣。初步养成爱护图书的习惯。

②学习用普通话正确、流利、有感情地朗读课文。学习默读。

③结合上下文和生活实际了解课文中词句的意思，在阅读中积累词语。借助读物中的图画阅读。

④阅读浅近的童话、寓言、故事，向往美好的情境，关心自然和生命，对感兴趣的人物和事件有自己的感受和想法，并善于与人交流。

⑤诵读儿歌、童谣和浅近的古诗，展开想象，获得初步的情感体验，感受语言的优美。

⑥认识课文中出现的常用标点符号。在阅读中，体会句号、问号、感叹号所表达的不同语气。

⑦积累自己喜欢的成语和格言警句。背诵优秀诗文50篇（段）。课外阅读总量不少于5万字。

（3）写话

①对写话有兴趣，写自己想说的话。

②在写话中乐于运用阅读和生活中学到的词语。

③学习使用逗号、句号、问号、感叹号等。

（4）口语交际

①学讲普通话，逐步养成讲普通话的习惯。

②能认真听别人讲话，努力理解讲话的主要内容。

③听故事、看音像作品，能复述大意和自己感兴趣的情节。

④能较完整地讲述小故事，能简要讲述自己感兴趣的见闻。

⑤与别人交谈，态度自然大方，有礼貌。

⑥有表达的自信心。积极参加讨论，敢于发表自己的意见。

（5）综合性学习

①对周围事物有好奇心，能就感兴趣的内容提出问题，结合课内外阅读，共同讨论。

②结合语文学习，观察大自然，用口头或图文等方式表达自己的观察所得。

③积极参加校园、社区活动。结合活动，用口头或图文等方式表达自己的见闻和想法。

2. 第二学段（3～4年级）

（1）识字与写字

①对学习汉字有浓厚的兴趣，养成主动识字的习惯。

②累计认识常用汉字2500个左右，其中2000个左右会写。

③会使用字典、词典，有初步的独立识字能力。

④能使用硬笔熟练地书写正楷字，做到规范、端正、整洁。用毛笔临摹正楷字帖。

（2）阅读

①用普通话正确、流利、有感情地朗读课文。

②初步学会默读。能对课文中不理解的地方提出疑问。

③能联系上下文，理解词句的意思，体会课文中关键词句表达情感的作用。能借助字典、词典和生活积累，理解生词的意义。

④能初步把握文章的主要内容，体会文章表达的思想感情。

⑤能复述叙事性作品的大意，初步感受作品中生动的形象和优美的语言，与他人交流自己的阅读感受。

⑥在理解语句的过程中，体会句号与逗号的不同用法，了解冒号、引号的一般用法。

⑦学习略读，粗知文章大意。

⑧积累课文中的优美词语、精彩句段，以及在课外阅读和生活中获得的语言材料。

⑨诵读优秀诗文，注意在诵读过程中体验情感，背诵优秀诗文50篇（段）。

⑩养成读书看报的习惯，收藏并与同学交流图书资料。课外阅读总量不少于40万字。

（3）习作

①留心周围事物，善于书面表达，增强习作的自信心。

②能不拘形式地写下自己的见闻、感受和想象，注意表现自己觉得新奇有趣的、或印象最深、最受感动的内容。

③愿意将自己的习作读给人听，与他人分享习作的快乐。

④能用简短的书信便条进行书面交际。

⑤尝试在习作中运用自己平时积累的语言材料，特别是有新鲜感的词句。

⑥根据表达需要，使用冒号、引号。

⑦学习修改习作中有明显错误的词句。

⑧课内习作每学年16次左右。

（4）口语交际

①能用普通话与人交谈。在交谈中能认真倾听，领会要点，并能在不理解的地方向对方请教、就不同的意见与人商讨。

②听人说话能把握主要内容，并能简要转述。

③能清楚明白地讲述见闻，并说出自己的感受和想法。

④能具体生动地讲述故事，努力用语言打动他人。

（5）综合性学习

①能提出学习和生活中的问题，有目的地搜集资料，共同讨论。

②结合语文学习，观察大自然，观察社会，书面与口头结合表达自己的观察所得。

③能在老师的指导下组织有趣味的语文活动，在活动中学习语文，学会合作。

④在家庭生活、学校生活中，尝试运用语文知识和能力解决简单问题。

3.第三学段（5～6年级）

（1）识字与写字

①有较强的独立识字能力。累计认识常用汉字3000个左右，其中2500个左右会写。

②硬笔书写楷书，行距整齐，有一定的速度。

③能用毛笔书写楷书，在书写中体会汉字的美感。

（2）阅读

①能用普通话正确、流利、有感情地朗读课文。

②默读有一定的速度，默读一般读物每分钟不少于300字。

③能借助词典阅读，理解词语在语言环境中的恰当意义，辨别词语的感情色彩。

④联系上下文和自己的积累，推断课文中的有关词句的内涵，体会其表达效果。

⑤在阅读中揣摩文章的表达内涵，体会作者的思想感情，初步领悟文章基本的表达方法。在交流和讨论中，敢于提出自己的看法，作出自己的判断。

⑥阅读说明性文章，能抓住要点，了解文章的基本说明方法。

⑦阅读叙事性作品，了解事件概述，能简单描述自己印象最深的场景、人物、细节，说出自己的喜欢、憎恶、崇敬、向往、同情等感受。阅读诗歌，大体把握诗意，想象诗歌描述的情境，体会诗人的情感。受到优秀作品的感染和激励，向往和追求美好的理想。

⑧学习浏览，扩大知识面，根据需要搜集信息。

⑨在理解课文的过程中，体会顿号与逗号、分号与句号的不同用法。

⑩诵读优秀诗文，注意通过诗文的声调、节奏等体会作品的内容和情感。背诵优秀诗文60篇（段）。

利用图书馆、网络等信息渠道尝试进行探究式阅读。扩展自己的阅读面，课外阅读总量不少于100万字。

（3）习作

①懂得写作是为了自我表达和与人交流。

②养成留心观察周围事物的习惯，有意识地丰富自己的见闻，珍惜个人的独特感受，积累习作素材。

③能写简单的记叙作文和想象作文，内容具体，感情真实。能根据内容表达的需要，分段表述。

④学读写笔记和常见应用文。

⑤能根据表达需要，使用常用的标点符号。

⑥修改自己的习作，并主动与他人交换修改，做到语句通顺，行距正确，书写规范、整洁。

⑦课内习作每学年16次左右。40分钟能完成不少于400字的习作。

（4）口语交际

①与人交流能尊重、理解对方。

②乐于参与讨论，敢于发表自己的意见。

③听人说话认真耐心，能抓住要点，并能简要转述。

④表达要有条理，语气、语调适当。

⑤能根据对象和场合，稍做准备，作简单的发言。

⑥在交际中注意语言美，抵制不文明的语言。

（5）综合性学习

①为解决与学习和生活相关的问题，利用图书馆、网络等信息渠道获取资料，尝试写简单的研究报告。

②策划简单的校园活动和社会活动，对所策划的主题进行讨论和分析，学写活动计划和活动总结。

③对自己身边的、大家共同关注的问题，或电视、电影中的故事和形象，组织讨论、专题演讲，学习辨别是非善恶。

④初步了解查找资料、运用资料的基本方法。

三、教学目标的解读

《小学语文新课程标准》尽管是从总目标和阶段目标两个方面来描述教学目标，但是上述教学目标还可以分为知识与能力、过程与方法、情感态度与价值观三大类。小学语文教学目标和各个阶段的教学目标整合了知识与能力、过程和方法、情感态度和价值观的学习要求。这样便于沟通不同学科里相同的学习行为，体现了当前小学阶段各学科的共同目标追求。为了在教学中真正贯彻和落实小学语文新课标的先进理念，我们还需要从"三维"的角度对小学语文课堂教学目标进行分类。

（一）知识与能力

知识是对客观事物性质经验的概括。能力是指个人完成某种活动所必需的个性心理特征。能力是获得知识和技能的前提，知识是形成能力的基础。语文知识是一个以语言为核心，以语言的方式表达着和存在着的多元知识体系。小学语文教学的知识体系主要包括语言知识、文学知识、文章知识、经验知识和策略知识等。第一，语言知识。语言知识教学的根本目的是将知识转化为在听、说、读、写实践中驾驭语言文字的能力。第二，文学知识。文学教育是小学语文课程的重要组成部分，文学知识也就必然成为小学语文教学的知识目标体系的重要组成部分。第三，文章知识。《小学语文新课程标准》把教材选文分为论述类、实用类和文学类三种类型，在选文中涵盖了文章知识的教学。第四，经验知识。语文的学习既是运用已有经验知识的过程，更是积累新的经验知识的过程。第五，策略知识。策略知识是指学生学习语文的方法性知识。掌握学习语文的基本方法，才能根据需要采取适当的方法解决阅读和交流中的问题。

在小学语文教学中，学习语文知识是必要的，但学习知识本身不是目的，目的是为了运用知识。在语文教学实践中，知识不是繁琐、割裂、支离破碎、机械重复地再现，而是要加以整合运用。在小学语文教学过程中，教师要注重整合、强调知识在运用中的价值，教学的重点应放在使知识向能力，乃至素养方面的转化上。小学语文教学能力目标体系主要包括具备独立的阅读能力，注重情感体验，有较丰富的积累，形成良好的语感；能借助工具书阅读浅易文言文；能根据语境揣摩语句含义，运用所学的语文知识，帮助理解结构复杂、含义丰富的语句，体会精彩语句的表现力；学会灵活使用常用的语文工具书，能利用多媒体收集和处理信息；能在生活和其他领域的学习中，正确、熟练、有效地运用语文；能具体明确，文从字顺地表达自己的意思；能根据日常生活需要，运用常见的表达方式写作。由此可见，小学语文教学能力的目标主要是提高学生的语文素养，培养学生运用母语进行听、说、读、写的能力。

（二）过程与方法

过程与方法，是指在一门学科的学习中，学生对所学习的知识技能的反思、批判与运用。过程是一种途径，过程的价值在于使学生经历知识与能力的获取，经历失败的痛苦与成功的喜悦。方法是学习的方法、探究的方法和合作的方法，方法的价值在于使学生学会学习。在课程目标的结构体系中，过程与方法是基础性的动态支持系统。当某个学习活动开始时，主体调用需要的知识技能，按照一定的情感态度价值观为取向，采取特定的方法与策略，在活动目标、自我兴趣与需要的驱动下，建构起具有一定效能的活动过程。语文教育本身应是一个动态的过程，学生学、思、议、读、写和口语交际，都是学生实践的过程。在实践的过程中，学生不仅增长了知识、增强了能力，而且使智力获得发展，情感受到熏陶。在实践的过程中，学生不仅掌握了学习方法，而且学会了如何学习语文，这句话强调了语文学习过程与学习方法的重要性。

《小学语文新课程标准》倡导自主、合作、探究的学习方式，并强调了对学习方式的选择和运用，提出了对学生学习方法的总要求，即根据自己的特点，扬长避短，形成富有个性的语文学习方式。教师应引导学生了解学习方法的多样性，掌握基本的语文学习方法，能根据需要采取适当的方法解决阅读和交流中的问题。正是从现代社会对新人素质和能力的需求出发，《小学语文新课程标准》新课标将学生语文学习和实践的过程视为自主、合作、探究的过程，即引导学生通过有质量的阅读和写作活动，去探讨人生价值和时代精神，逐步形成自己的思想和行为准则，树立积极向上的人生理想，增强振兴中华的使命感和社会责任感。在语文教学中，要培养小学生独立思考、合作探究的良好习惯，特别是要培养创造性探究活动所必备的严密、深刻和具有批判性的思维。

（三）情感态度与价值观

情感，是人对所经历过的事实的心理体验，它不仅指学习热情，更指内心体验和心灵世界的丰富。态度，则是人内在体验的外在流露。情感态度不仅指学习态度和学习责任，还指乐观的生活态度、求实的科学态度和宽容的人生态度。价值观就是对价值的看法，强调个人价值与社会价值的统一，科学价值与人文价值的统一，以及人类价值与自然价值的统一，从而使学生从内心确立起对真善美的价值追求，以及人与自然和谐相处的理念。从横向看，这三个要素具有相对独立性，它们构成了人的感性世界或非理性世界的相对完整的画面；从纵向看，这三个要素又具有层次性，它们共同构成了一个由低级到高级的心灵连续体。

情感态度与价值观，是人对亲身经历过的事实的体验性认识及其由此产生的态度、行为和习惯，是对互动教学中心理因素的功能性要求。因为情感态度与价值观不仅有着密切的内在联系，而且都有一种共同特点，即对师生互动教学过程与方法的优劣，有极其重要的影响和制约作用，对知识与技能这一结果性目标的达成，有巨大的调控作用。就一门学科而言，情感态度与价值观是伴随着对该学科的知识和技能的反思、批判与运用实现的学生个性倾向性的提升。就语文课程而言，它是指培养学生高尚的道德情操和健康的审美情趣，形成正确的价值观和积极的人生态度。例如，小学语文新课标在课程目标中，提出要使学生"学习鉴赏中外文学作品，具有积极的鉴赏态度"，"注重合作学习，养成相互交流的习惯，乐于与他人交流自己的阅读鉴赏心得"，这就强调了学生学习中的情感态度因素。"增强文化意识，重视优秀文化遗产的传承，尊重和理解多元文化"，则概括了文化层面的价值观要求。在教学实践中，我们要努力把这些体现学生内在变化的情感态度与价值观的目标有机融合并贯穿在教学过程中。

四、教学目标的实现方法

（一）利用课程资源实现

课程资源包括课堂教学资源和非课堂教学资源。课堂教学资源都是按照新课程标准和三维目标的要求设置的学习目标和学习任务。非课堂教学资源包括图书、报纸、刊物、电视、电影、网络环境、校园文化、社区风俗、文物古迹、自然景观、人文精神、国际国内大事、学生的家庭生活和日常生活，它们都是可供利用的课外学习资源。在引导学生开发和利用这些资源时，教师要指导学生采取适当的学习方式，注意个人的情感体验，获取知识和能力的发展。

（二）在教学过程中实现

1. 主体参与的有效化

在教学过程中，教师要尊重学生的人格，尊重学生的个性差异。教师要学会赞赏学生，帮助学生激发学习的兴趣。在语文教学中，教师要注重培养学生选择的能力和履行职责的能力，使学生有能力选择学习的内容和方法，能够胜任独立学习以及合作学习中的任务。语文教学要与学生的生活世界相联系，丰富学生的生活经验，拨动学生的心弦，使学生作为学习主体，有效地参与语文学习的过程。

2. 情感态度的个性化

学生是千差万别的学习主体，在具体的学习内容、学习过程、学习场景和学习范畴中，在个人的情感体验上，也会各不相同。教师要充分尊重学生的这种差异，并注意保护和开发学生独特的个人情感体验，让个性化的情感体验在学生的学习过程中，在教师的指导过程中，得到丰富和发展。教师要引导学生能够联系文化背景，对学习内容的思想感情倾向作出自己的评价，对学习内容中感人的情境和人物形象，能够说出自己的体验。

3. 目标任务的多样化

对每个学生来讲，他们各自的知识结构、人生经历、生活阅历、情感倾向、个性特色、学习习惯和学习方法等，都存在差异。这些差异，都直接或间接影响到学生的学习效果。所以教师要能够使课堂教学中要求学生所达到的目标任务多样化，让个人基础不同的学生，达到适合自己发展需要的目标要求。这样，学生在达到自己的目标任务的前提下，也都能够享受到学习成功的快乐，才会对学习充满信心，才能更顺利地进行更高层次的学习。

（三）在自主学习过程中实现

当今的课堂教学，应当成为学生自主、合作、探究学习的天地。自主学习，是指学生在学习的过程中，有较强的主体作用，能够自我定向、自我选题、自我激励、自我监控和自我评价。合作学习，是指在学习的过程中，学生借助小组和团队的力量，共同完成学习任务，更加有效地进行学习。探究学习，是指在学习的过程中，学生采用探究的方式，是一种在设定的情境下的探究。学生通过自主、独立地选题、调查、收集资料、处理信息、交流材料和表达与交流等探索活动，获得知识技能，发展情感与态度，培养探索精神和创新能力的学习方法和学习过程。自主、合作、探究三者相辅相成，水乳交融，有机结合。自主、合作、探究的学习方式，是以学生为中心，使学生成为学习和发展的主体。学生采取这样的学习方式，在学习的过程中，有情感的投入，能获得有效的情感体验，有利于学生良好价值观的形成。同时，也提升了学生的能力，使知识和文化得到积累。

（四）在教师指导过程中实现

《小学语文新课程标准》是以学生的学为基础提出来的，弱化了教师的主导地位。但是在课堂教学的过程中，教师的指导仍然起着至关重要的作用，这种作用是通过学生的主体地位的确立和学生自主、合作、探究学习的效果体现出来。布鲁纳认为，"学生是一个积极的探究者。教师的作用是创设一种能够使学生独立探索的情境，而不是提供现成的知识，学生不是被动、消极的知识接受者，而是主动、积极的探索者。"课堂教学尽管应当成为学生自主、合作、探究学习的天地，但教师绝不是袖手旁观者。教师应当积极地指导学生的学习过程，采取适当的学习方法，并且教师应当成为学生学习的合作者，主动积极地参与学生的学习过程，在参与的基础上指导。第一，教师要利用有利于学生学习的因素，激发学生学习的内动力，让每个学生都能体会到学习的乐趣。第二，教师要千方百计地拓展学生自主、合作、探究学习的空间。第三，教师适当地组织专题性探究活动。要注意在学生能力和知识的基础上，指导学生选择适合自身发展需要的学习方法。在指导的过程中和基础上，激发学生的情感体验，丰富学生的知识，提升学生的能力。

（五）在实践过程中实现

课堂教学过程，不仅是学生学习的过程和教师组织教学的过程，而且是学生实践的过程。因此，教师要注意学生实践能力的培养，并且在培养学生实践能力的过程中，使三维目标得以实现。学生的实践过程包括识字写字、阅读、写作、口语交际、收集和处理信息等实践活动。教师要注意重视学生的实践活动，在实践活动中，培养学生的实践能力。学生的实践活动是自主合作学习的过程，是掌握知识、培养能力的有效途径，并且在实践活动中，学生的情感得到体验和升华。

三维目标是相互联系、相互渗透的整体，是一个完整的人在学习活动中实现素质建构的三个侧面。因此，课堂教学应该全面关注三维目标，并将它整合于统一的语文教学活动之中，高效达成预期的教学目标，全面提高学生的语文素养。

第三节　小学语文新课程的实施建议

一、教学建议

（一）总体建议

第一，充分发挥师生双方在教学中的主动性和创造性。语文教学应在师生平等对话的过程中进行，学生是语文学习的主人，语文教学应激发学生的学习兴趣，注重培养学生自主学习的意识和习惯，为学生创设良好的自主学习环境。自主、合作、探究的学习方式与有意义的接受性学习相辅相成。教师应该尊重学生的个体差异，鼓励学生选择适合自己的学习方式。教师是学习活动的组织者和引导者，应转变观念，更新知识，钻研教材，不断提高自身的综合素养。教师应创造性地理解和使用教科书，积极开发课程资源，精心设计教学方案，灵活运用多种教学策略，引导学生在实践中学会学习。

第二，在教学中体现语文的实践性和综合性。努力改进课堂教学，整体考虑知识与能力、过程与方法、情感态度与价值观的综合，提倡启发式和讨论式教学。沟通课堂内外，充分利用学校、家庭和社区等教育资源，开展综合性学习活动，拓宽学生的学习空间，增加学生语文实践的机会。

第三，重视情感态度和价值观的正确导向。培养学生高尚的道德情操和健康的审美情趣，养成正确的价值观和积极的人生态度，是语文教学的重要内容，与语文能力的提高、语文学习过程和方法的形成是融为一体的，不应把其当作外在的附加任务。教师应该根据语文学科的特点，注重熏陶感染，潜移默化，把这些内容渗透于日常的教学的过程中。

第四,重视培养学生的创新精神和实践能力。语文教学要注重语言的积累、感悟和运用,注重基本技能的训练,给学生打下扎实的语文基础。同时,要注重开发学生的创造潜能,培养综合实践能力,促进学生持续发展。

第五,遵循学生的身心发展规律和语文学习规律。学生生理、心理以及语言能力的发展,具有阶段性的特征。不同内容的教学,也有各自的规律,应该根据不同学段学生的特点和不同的教学内容,采取合适的教学策略。同时,注意不同学段之间的联系和衔接,促进学生语文素养的整体提高。

(二)具体建议

1. 识字、写字与汉语拼音教学

识字、写字是阅读和写作的基础,是第一学段的教学重点。对学生识字与写字的要求应有所不同,要贯彻多认少写的识字教学理念,讲究教学方法,以减轻学生负担。识字教学要将儿童熟识的语言因素作为主要材料,同时充分利用儿童的生活经验,引导学生利用课外各种机会主动识字,力求识用结合。要运用多种识字教学方法和形象直观的教学手段,创设丰富多彩的教学情境,提高识字教学的效率。写字教学要重视对学生写字姿势的指导,引导学生掌握基本的书写技能,养成良好的书写习惯。汉语拼音教学,应尽可能有趣味性,宜以活动和游戏为主,与学说普通话、识字教学相结合。

2. 阅读教学

阅读是搜集处理信息、认识世界、发展思维和获得审美体验的重要途径。阅读教学是学生、教师、教科书编者和文本之间对话的过程。阅读是学生的个性化行为,教师应引导学生钻研文本,在主动积极的思维和情感活动中,加深理解和体验,有所感悟和思考,受到情感熏陶,获得思想启迪,享受审美乐趣。教师要尊重学生独特的感受、体验和理解,不应完全以教师的分析来代替学生的阅读实践,也要防止用集体讨论代替个人阅读,或远离文本过度发挥。

阅读教学应注重培养学生具有感受、理解、欣赏和评价的能力。这种综合能力的培养,各学段可以有所侧重,但不应把它们机械地割裂开来。在教学中,还要逐步培养学生探究性阅读和创造性阅读的能力,提倡多角度、有创意的阅读。利用阅读期待、阅读反思和批判等环节,拓展思维空间,提高阅读质量。各个学段的阅读教学,都要重视朗读和默读,应加强对阅读方法的指导,让学生逐步学会精读、略读和浏览。有些诗文应要求学生诵读,以利于学生积累、体验和培养语感。

在阅读教学中，为了帮助学生理解课文，教师可以引导学生随文学习必要的语法和修辞知识，如词类、短语结构、句子成分和常见修辞等，但不必进行系统的语法修辞知识教学，更不应要求学生死记硬背这些知识。在教学中，教师要激发学生广泛的阅读兴趣，扩大阅读面，增加阅读量。阅读教学提倡少做题，多读书，好读书，读好书，读整本的书，鼓励学生自主选择阅读材料。

3. 写作教学

写作是运用语言文字进行表达和交流的重要方式，是认识世界、认识自我和创造性表述的过程。写作能力是语文素养的综合体现。写作教学应贴近学生实际，让学生易于动笔、乐于表达，应引导学生关注现实，热爱生活，积极向上，表达真情实感。第一学段和第二学段可以从写话、习作入手，以降低起始阶段的难度，重在培养学生的写作兴趣和自信心。在写作教学中，应注重培养学生观察、思考、表现和评价的能力。要求学生说真话、实话和心里话，不说假话、空话和套话，激发学生展开想象和幻想，鼓励写想象中的事物。教师应为学生的自主写作提供有利的条件和广阔的空间，减少对学生写作的要求，鼓励自由表达和有创意的表达，少写命题作文。加强对平时练笔的指导，提倡写日记、书信和读书笔记等。写作教学应抓住取材、构思、起草、加工等环节，指导学生在写作实践中学会写作，重视引导学生在自我修改和相互修改的过程中提高写作能力。

4. 口语交际教学

口语交际能力是现代公民的必备能力。在教学中，应培养学生倾听、表达和应对的能力，使学生具有文明和谐地进行人际交流的素养。口语交际是听与说双方的互动过程，教学活动主要应在具体的交际情境中进行。口语交际教学应努力选择贴近生活的话题，采用灵活的形式组织教学，不必过多传授口语交际知识。鼓励学生在各科教学活动和日常生活中，锻炼口语交际能力。

5. 综合性学习

综合性学习主要体现为语文知识的综合运用，听、说、读、写能力的整体发展，语文课程与其他课程的沟通，书本学习与生活实践的紧密结合。综合性学习，应突出学生的自主性，激发学生主动积极参与精神，主要由学生自行设计和组织活动，特别注重探索和研究的过程。综合性学习应强调合作精神，注意培养学生策划、组织、协调和实施的能力，提倡与其他课程相结合，开展跨领域学习。

二、教学评价建议

（一）总体建议

第一，充分发挥语文课程评价的多种功能。语文课程评价具有检查、诊断、反馈、激励、辨别和选拔等多种功能，其目的不仅是为了考查学生实现课程目标的程度，更是为了检验和改进学生的语文学习和教师的教学，改善课程设计，完善教学过程，从而有效地促进学生的发展。教学评价应发挥语文课程评价的多种功能，尤其应注意发挥其诊断、反馈和激励功能。

第二，综合运用多种评价方式。在小学语文教学评价中，形成性评价和终结性评价都是必要的，但应加强形成性评价。评价活动提倡采用成长记录的方式，注意收集和积累能够反映学生语文学习发展的资料，记录学生的成长过程。对学生语文学习的日常表现，应以表扬、鼓励等积极的评价为主，采用激励性的评语，从正面加以引导。小学语文教学评价，要坚持定性评价和定量评价相结合。语文学习具有重情感体验和感悟的特点，更应重视定性评价。学校和教师要对学生的语文学习档案资料和考试结果进行分析，评价结果的呈现方式除了分数或等级外，还应用最有代表性的客观事实描述学生语文学习的进步和不足，并提出建议。评价设计要注重可行性和有效性，力戒繁琐、零碎，防止片面追求形式。

第三，促进评价主体的多元化。语文教学评价应注意将教师的评价、学生的自我评价和学生之间的相互评价相结合，加强学生的自我评价和相互评价，还应让学生家长、社区机构等积极参与评价活动。在实施评价时，要尊重学生的主体地位，面向全体学生，尊重个体差异，促进每个学生的健康发展。

第四，突出语文课程评价的整体性和综合性。语文课程评价要注意识字与写字、阅读、写作、口语交际和综合性学习五个方面的有机联系。注意知识与能力、过程与方法、情感态度与价值观的交融、整合，体现语文课程目标的整体性和综合性，避免只从知识和技能方面进行评价，要根据不同年龄学生的学习特点，以不同学段的目标为参照，抓住关键，突出重点。

（二）具体建议

1. 识字与写字

汉语拼音能力的评价，重在考查学生认读和拼读的能力，以及借助汉语拼音认读汉字、纠正地方音的情况。评价识字要考查学生认清字形、读准字音、掌握汉字基本意义的情况，以及在具体语言环境中运用汉字的能力，借助字典、词典等工具书识字的能力，不同的学段应有不同的侧重。识字与写字教学，要激发学生日常识字的兴趣，发挥学生识字与写字的积极性，重视学生写字的姿势与习惯，重视书写的正确、端正和整洁。

2. 阅读

阅读评价要综合考查学生阅读过程中的感受、体验、理解和价值取向，要关注其阅读兴趣、方法与习惯，也要关注其阅读面和阅读量，以及选择阅读材料的趣味和能力，重视对学生多角度、有创意阅读的评价，语法和修辞知识不作为考试内容。

（1）朗读和默读的评价

能用普通话正确、流利、有感情地朗读课文，是朗读的总要求。根据阶段目标，各学段可以有所侧重。评价学生的朗读，应注意考查对内容的理解，可从语音、语调和情感表达等方面进行综合考查。评价默读，从学生默读的方法、速度、效果和习惯等方面进行综合考查。

（2）精读的评价

要考查学生在词句理解、文意把握、要点概括、内容探究、作品感受等方面的表现，重视评价学生对读物的综合理解能力，要注意评价学生的情感体验和创造性的理解。

（3）略读和浏览的评价

评价略读，重在考查学生能否把握阅读材料的大意。评价浏览能力，重在考查学生能否从阅读材料中捕捉有用信息。

（4）文学作品阅读的评价

着重考查学生对形象的感受和情感的体验，对学生独特的感受和体验应加以尊重。在高年级教学中，可通过考查学生对形象、情感和语言的领悟程度，评价学生初步鉴赏文学作品的水平。

（5）古诗文阅读的评价

评价学生阅读古代诗词和浅易文言文，重点考查学生的记诵积累，考查他们能否凭借注释和工具书理解诗文大意。词法、句法等方面的知识，不作为考试内容。

3. 写作

写作评价综合考查学生作文水平的发展状况，应重视对学生写作的过程与方法、情感与态度的评价。例如，是否有写作的兴趣和良好的习惯，是否表达了真情实感，表达是否得体恰当，对有创意的表达应予鼓励。写作教学评价要重视对写作材料准备过程的评价，评价要重视写作材料的准备过程，不仅要具体考查学生占有材料的丰富性和真实性，也要考查他们获取材料的方法。教师要用积极的评价，引导学生通过观察、调查、访谈和阅读等途径，运用多种方法搜集材料。

在评价中，教师要重视对作文修改的评价，要注意考查学生对作文内容、文字表达的修改，也要关注学生修改作文的态度、过程和方法等。要引导学生通过自改和互改，取长补短，促进相互了解和合作，共同提高写作水平。新课标倡导采用多种评价方式，评价方式可以是书面的，可以是口头的；可以用等级表示，也可以用评语表示；还可以综合采用多种形式。小学语文教学评价，提倡建立写作档案，写作档案除了存留有代表性的课内外作文外，还应有关于写作态度、主要优缺点以及典型案例分析的记录，以全面反映写作实际情况和发展过程。

4. 口语交际

评价学生的口语交际能力，应重视考查学生的参与意识和情意态度。评价应在具体的交际情境中进行，让学生承担有实际意义的交际任务，以反映学生真实的口语交际水平。

5. 综合性学习

综合性学习的评价，应着重考查学生的探究精神和创新意识，尤其要尊重和保护学生学习的自主性和积极性，鼓励学生运用多种方法，从不同的角度，进行多样化的探究。这种探究，既有学生个体的独立钻研，也有学生群体的讨论交流。所以除了教师的评价之外，要多让学生开展自我评价和相互评价。评价的着眼点主要包括在活动中的合作态度和参与程度；能否在活动中主动地发现问题和探索问题；能否积极地为解决问题去搜集信息和整理资料；能否根据占有的课内外材料，形成自己的假设或观点；语文知识和能力综合运用的表现；学习成果的展示与交流。在评价时，要充分重视学生在解决问题的过程中采用的思路和方法。对不同于常规的思路和方法，尤其要给予足够的重视和恰当的评价。通过构建科学的小学语文教学评价体系，不断提高小学语文的教学效率。

第二章　小学语文的教学现状

第一节　小学语文教学现状的调查

以多所小学的语文教师和学生为调查对象，采用文献资料法、调查问卷法和访谈法对小学语文教学的现状进行了调查。第一，文献资料法。查阅了大量关于小学语文教学的资料，采用文献资料法对小学语文教学现状进行了调查，目的是为调查活动提供理论支持。第二，调查问卷法。本次课题研究共发放调查问卷100份，回收问卷100份，回收率100%，调查过程可信度高，调查结果真实有效。第三，访谈法。提前列出访谈的提纲，在调查过程中，对多名语文教师和学生进行了访谈。除了回答访谈大纲中的问题，还让接受采访的师生自由发表对小学语文教学现状的看法，以弥补调查问卷和访谈大纲的不足。

近年来，小学语文新课程改革不断发展，新课标理念深入人心。要衡量小学语文教学的效果，必须在教学活动的各个方面考查教师是否有效贯彻和落实了新课程标准。只有从教学理念、教学目标、教学方法和教学评价等方面综合调查分析，才能认清小学语文教学的现状，才能找出教师在教学中存在的问题和解决问题的策略，不断完善和提高教学水平。

一、对教学理念的调查

理念是行动的灵魂，教学理念对教学活动起着统领和指导的作用。一切先进的教学改革，都是从新的教学理念中生发出来的。教师是课堂教学活动的组织者和实施者，教师对新课程理念的认同度，决定了教师对新课程标准的执行程度，也直接影响着小学语文教学的效率。要想有效地贯彻和落实《小学语文新课程标准》，必须首先从教师的教学理念抓起。

调查发现，大约有80%的教师十分愿意参加语文教学改革，这是新课程改革顺利实施的保障。但他们担心在努力践行过程中，各种客观因素会影响教学的效果。教师因受传统教学理念的影响，要全面理解新课程并实践于教学中，是需要很长一段时间的。认为自己对新课程的研究比较透彻的教师仅占 7.5%，63.5% 的教师认为自己对新课程理念及其内容只算得上是比较熟悉，29% 的教师只知道一点，这反映了大部分教师对新课程理念的把握有所欠缺。结合访谈发现，只有极少数教师手中有《小学语文新课程标准》，大部分教师都是"耳濡目染"，听闻新课改而已。理解的局限性，造成了在实施过程中有 44.5% 的教师仅在公开课过程中践行过程与方法、情感态度与价值观的目标，24.5% 的教师仅把它当样子写入教案而不予实施。在"新课程对教学的影响"的调查中，有 45% 的教师认为新课程理念对教学观念有影响，42.5% 的教师认为新课程理念对教学行为有影响，不足 10% 的教师认识到新课程理念会对学生的学习行为有所影响。

　　调查显示，在语文新课程理念的贯彻落实过程中，遇到了许多困难。32.5% 教师认为难以把握新教材的深度和广度，反映新课程的三维目标在实际教学中难以把握。81% 的教师反映新教材内容多，栏目复杂，教材的深度和广度的把握有很大难度。同时，市面上教辅资料多而杂，有些与新教材并不匹配。86% 的教师反映教学班级人数多、课时多，精力有限，难以每节课都精心组织教学。同时，教师反映自己所带班级有多个且每个班学生人数多，自己有时都叫不出部分学生的名字，更谈不上对学生十分了解。不了解学生，就很难实施分层次教学，因材施教也就变成了口号。37.5% 的教师认为学校的多媒体等硬件设施，难以跟上新课程教学的要求，图书馆等教学资源匮乏。同时，24% 的教师认为自身的综合素质需要进一步的提升来满足新课程改革和教学的要求。以上因素说明，我国小学语文新课程理念的落实情况不容乐观。

　　从教师对新课程理念的了解和应用情况来看，《小学语文新课程标准》的基本理念在教学实践中的贯彻实施情况并不理想。尽管在总体上，教师从心理上接纳了小学语文新课程的理念，但却没有把这些理念付诸实践。这可能是由于教师对语文新课程所倡导的教学理念的理解不足，造成了新课程新理念在贯彻落实的过程中存在脱节。如果教师不能够深入理解新课标理念的内涵，就会根据自己的理解展开教学活动，使教学活动发生偏差，导致新课程改革不够彻底。因此，教师应认真研读新课程标准，学校也可以组织教师参加一些有关新课程的培训活动，使教师全面地理解小学语文新课程的教学理念，为小学语文教学指明方向。

二、对教学目标的调查

教学目标是对教学活动所要达到的预期目标的描述，它对于语文教学活动具有导向、评价、激励和反馈等功能。小学语文新课程的教学目标，改变了传统教学目标只注重学生成绩的状况。新课程教学目标既要求学生增长知识和锻炼能力，又关注学生学习的体验和学习方法，还要兼顾学生的价值取向，让学生树立正确的价值观和人生观，体现了新课程以学生发展为中心的新型课程观。教学目标的制定，要以新课程标准为依据，充分结合教学内容和学生实际情况，制定适合学生发展的教学目标。

调查结果显示，关于语文教师对于三维目标的掌握情况，5.9%的教师认为"很好把握"，10.3%的教师认为"较好把握"，63.2%的教师认为"一般"，认为"较难把握"的教师占20.6%。大多数教师对教学目标的把握程度是一般水平，教师对于教学目标的把握程度，直接影响着三维目标的实施情况。关于教师在教学中有效践行三维目标情况的调查中，2.9%的教师选择"非常好"，23.5%的教师选择"较好"，66.2%的教师认为实施情况"一般"，7.4%的教师表示实施情况"较差"。半数以上的教师有效实施三维目标的情况在一般水平，教师对教学目标的掌握和实施情况，并不是非常理想。在关于教师在教学实际中最注重的教学目标的调查中，50%的教师选择知识与技能目标，29.4%的教师选择过程与方法目标，5.9%的教师选择情感态度与价值观目标，14.7%的教师表示三个目标会同样注重。

调查结果表明，知识与技能目标仍然是教师最注重的目标。教师对于教学目标的追求，呈现出片面化的倾向。可见，教师的教学观念还停留在"双基论"的时代，过于强调知识和能力，弱化了过程与方法、情感态度与价值观这两个维度的重要性，阻碍了学生的全面发展。从主观因素分析，教师对目标的学习和理解不足，对教学目标的认识不到位，教学目标意识淡薄。许多教师只是为了完成任务或应付检查而设计教学目标，教学目标的制定变得形式化。在客观因素方面，在制定教学目标时，教师受到当前以考试为主的评价机制的限制与影响。在考试中，涉及情感领域目标的试题出现的概率较小，而且不能用传统的教学方法进行训练。因此，教师更关注学生语文知识的掌握和语文技能的培养，忽略关乎学生终身发展的语文意识、语文情感和语文素养等方面的培养。

三、对教学方法的调查

语文课堂是小学语文新课程教学的主阵地，新课程理念的贯彻落实最终都要回归到语文课堂教学中,这个过程必须要根据一定的教学方法才能得以实现。教学方法不仅是教师的教学手段,而且有助于学生获取知识。国家制定语文新课标,对语文课程性质、内容、目标及实施等做了详细的说明和建议,要求教师应充分理解和把握三维目标和理念,积极转变教学方式。科学合理的教学方法,有助于调动学生学习语文的积极性,有助于营造良好的教学氛围,提高教学效率。

调查显示,有 36.8% 教师最常采用的是讲授式的教学方法,选择讲授式与探究式教学方法相结合的教师占 63.2%。有相当一部分的教师仍然采用传统的讲授式方法进行教学,大部分教师能够做到认同新课程的理念,但落实情况并不是特别理想。调查中,42.7% 的教师每节课讲授时间在 30 分钟以上,45.6% 的教师讲授时间在 20～30 分钟,每节课讲授时间少于 20 分钟的占 11.8%。教师尽管有意识地开展探究式教学,但在实际操作中仍然以讲授式教学为主。教师在课堂上讲授的时间越长,学生能够用于开展学习活动的时间就越少,不利于学生探究能力和自主学习能力的培养。

在师生互动方面,调查结果显示,在语文课堂上学生表现出"安静沉默"的占了 76.5%,而且随着年级的增高,这一现象越来越明显。有的课堂是由教师提问,全班学生共同回答,但也只有少部分比较活跃的学生参与到其中,教师并没有顾及全体学生。有的课堂是教师自问自答,甚至是不设置提问,整节课没有互动环节,一节课下来都是教师一人在演独角戏,忽略了学生的主体地位。

调查显示,传统的小学语文教学方法以知识灌输为主,教师通常是照本宣科。学生的学习方式也比较被动,以机械记忆和背诵为主,不利于培养学生的兴趣,导致学生厌学。语文课程改革的重点,就是改变教师的教学方法和学生的学习方法。教师是学生学习的引领者和指导者,教师的教学方法在很大程度上决定了学生开展学习活动的形式,因此可以说学生学习方法的改变依赖于教师教学方法的转变。这个转变的过程,教师需要对自己的角色进行重新定位,不断创新和改进教学方法。

四、对学习方法的调查

在教学活动中,学生的参与方式即为学习方式。因此,学生学习方式的转变,也就是要改变学生的学习态度、学习意识和学习习惯等。小学语文教学受制于升学压力,知识内容多,学生学习负担重等原因,导致教学中削弱了学生的自主学习和合作探究的环节,缺乏教师间和学生间的互动交流。有趣的语文教学在学生眼里已经变成了机械记忆和大量习题,这使学生失去了的兴趣。学生学习语文的动机,主要是考试的要求,而不是出于语文学习的兴趣。调查显示,只有 15% 的学生对语文兴趣浓厚,44.5% 的学生觉得学习语文跟其他的学科没有区别，40.5%的学生认为他们的唯一动力是因为它是考试要求科目，这说明大部分学生没有对小学语文树立正确的学习意识和学习动机。

学习态度和学习动机，潜移默化地影响着学生学习方式的转变。调查发现，有40.6%的学生在教学过程中会积极主动的思考，在理解的基础上学习；25.5%的学生还是倾向于传统的教学，依赖教师的讲授。具体来说，学生听课过程中，只是听，不记笔记和不思考的学生只占了8.6%；当教师提问时，56.6%的学生都会积极思考，但主动回答的学生却只有19.4%。个人没解决的问题，只有12.4%的学生选择不问他人，过半的学生会和他人合作解决问题。当问及能力时，62.6%的学生认为自己的能力较差，其中有22.5%选择了很差，自认为能力强的学生不足8%，学生的能力还有待提高。许多学生认为语文学习过程中锻炼解题技巧是最重要的，平时会做大量习题的学生占88.9%。这说明学生的学习方式受到考试的制约，对于自身的综合发展认识不到位。53.2%的学生反映平时的考试和作业太多，根本没有时间去通过其他途径进行。

通过随堂观摩学生的学习情况，以及结合调查问卷总结发现，学生的学习方式尽管已经在逐渐发生变化，但绝大部分学生的学习方式基本上还是耳朵听，手上记。课余时间学生很少采用其他途径自主学习，自主探究和合作学习尚未形成。教师应不断地研究新课程理念，灵活使用教学方法，引导学生采用多元的方法进行学习，逐渐提高学生的自主学习能力。

五、对教材使用情况的调查

提起教材，我们首先想到的是学校发给学生、供学生在课堂上使用的书，也就是课本。那么，教材是否完全等同于课本呢？回答是否定的。我们所说的教材，是由国家审定并统一发行，供学生和教师在课堂上使用的教科书，就是平时大家所说的课本，这是对教材狭义的理解。"教材"完整地说是教学材料，凡是用于学生的学习和教师的教学使用的材料，都可以称之为教材，这是对教材广义的理解。同样的教材内容，由于不同的教师关注的角度不同，对教材的处理也千差万别。下面是在调查中发现的小学语文教材使用中的一些问题和现象。

（一）照本宣科

有些教师认为，教材就是权威，在处理教材时，他们完全以教材为本，所有的教学活动都要围绕教材展开，只要教材中涉及的内容，一定要面面俱到，不敢有所遗漏。

有的教师不管是旧知识还是新知识，不管是该掌握的知识还是不该掌握的知识，只要是教材涉及的内容，都要清清楚楚、原原本本地讲解一遍，但是留给本节课的重难点教学内容的时间却相对较少。在有限的时间里，教师进行教学的时间尚且不足，给学生分配的自主探究和讨论的时间也就很少或者没有，学生不能展开充分的讨论，就不能很好地发挥学生的主体性作用，学生的思维也就不能得到很好的训练，自主探究活动也就没有体现出它真正的价值。正因为教师面面俱到地讲解教材内容，致使这堂课的时间不够用，重难点知识也只能是蜻蜓点水地一带而过，没有达到应有的效果。照本宣科，不仅达不到应有教学效果，还会使教师丧失创造性地使用教材的能力。教师应是教材的开发者，而不是被动使用者。

当课时量有限，教学内容量大，教师又不愿对教学内容有所删减时，就会出现两种情况。一是加课时，二是走马观花。加课时，可能会引起学生的反感，常常会是教师自己付出努力备课和上课，而学生几乎什么都没学到，造成教学效果低下。走马观花，可能会导致学生不知道自己到底学了些什么。因为没有重点，哪个部分都是蜻蜓点水。教师一定要对教材内容进行取舍，对教材内容不一定要面面俱到，对一些无关紧要的教学内容教师可以少讲或者省略，但是对于教材上重难点知识内容，教师一定要用足够的时间去讲。这样有助于学生明确本课的教学目标和重难点知识，促进学生对重难点知识的理解、内化和吸收。

（二）盲目整合教材

有些教师意识到对于教材的处理不能完全复制，因此在课堂教学中，每节课力求创新，便出现了盲目整合教材这一处理方式。教师依据自己对教材的把握和教学需求，对教材进行了调整和重组。有些教师有时在一节课的内容上进行调整，有时在一个单元内的课与课之间进行调整，有时则对单元的顺序进行调整。这样做的目的只有一个，那就是要体现灵活运用教材的理念。但是教材中有些教学内容是按一定的时间、体系和学生的认知规律来编排的，教材是经过严格审核的，在知识结构上具有系统性。有些教师盲目地打乱编者的意图，临上课前随意搭配，打乱了小学语文知识的整个体系，达不到应有的教学效果。所以教师不要只为创新，不要只为调整而调整，而要根据实际教学的需要适当调整。

（三）教材至上

"教材至上"的第一种表现是只看教材，不看教参。在处理教材时，教师全凭自己的经验和感觉。有的教师所谓的看教参，就是拿过教参，按照教参抄写教案，只是为了抄写教案而翻看教参，抄写完就扔到一边了。而多数教师不看教参，原因有两个。一是有些教师认为教参里编写的方法没有可行性；二是认为教参在设计上比较烦琐，看起来比较麻烦，又和自己的思路不一样，也不符合教学实际。教师还是应该多看教师用书。虽然教师用书里的内容不都是有用的，但是教师完全不看教师用书，就失去了一个获得建议和教学资源的途径。

"教材至上"的第二种表现就是教学活动局限于教材的范围，认为教材是唯一的，绝不会增加相关背景知识或相关知识，导致学生获取的知识得不到有效的拓展。教师要教给学生一碗水，教师自己必须备有一桶水，甚至一湖水，这样教师才能运用自如。从这个角度来说，在备课时，教师就必须看一些相关的材料，有一个拓展的范围，以免在某些问题上被学生问住，无法解释。

六、对教学评价的调查

教学评价是教学活动的最终环节，在课程改革中起着质量监控的重要作用，是课程改革成败的关键环节。受应试教育长期的影响，许多教师将学生的考试成绩作为评价学生的唯一标准，过于关注语文知识和语文技能的考查，忽略了教学评价在课程中的反馈、诊断和矫正等功能。

调查显示，在语文教学中，教师对教学目标的实现情况进行评价的占12.1%，这说明在语文教学中只有很少一部分教师去关注教学目标是否实现。这反映了教学目标在反馈评价时的缺失，不能有效检验教学的效果。在教学设计时，会设计教学评价的一线语文教师，非常符合的占24.1%，基本符合的占32.8%，一般符合的占17.2%，不符合的占25.9%。由此数据可以推断，56.9%的一线语文教师都比较注重教学评价的设计，都意识到了教学评价的重要性，而25.9%的一线语文教师并不会设计教学评价，不注重教学评价的重要性。这就说明教师对于教学评价的重要性认识有待进一步提高。

在对学生的评价方面，调查中有44.1%的教师仍然选择以考试成绩作为对学生进行评价的主要方式，18.4%的教师选择参考学生课堂表现和作业情况，8.1%的教师选择学生自评与互评，13.2%的教师选择建立成长记录袋，16.2%的教师选择对学生的综合能力进行评价。各种评价方式，都有一定数量的教师选择采用，其中占绝大多数的是评价学生的考试成绩。一方面，说明教师已经采用多元化的评价方式对学生进行评价，但考试成绩仍然是最主要的评价方式；另一方面，也体现出教师过于注重结果性评价，而忽视了过程性评价，就不能充分发挥其对于学生获得体验和教师及时改进教学工作的重要作用。选择学生自评与互评的教师最少,说明学生没有真正参与到评价中,教师对学生的评价一直居于主导地位,学生在评价中的主体地位被忽视。学生作为学习活动的主体,更加了解各自的进步与发展情况。因此,缺乏学生评价的教学评价机制,不能全面反映学生的真实水平,也不利于学生的自主性和能动性的发挥,阻碍了学生的发展。教师片面追求学生的考试成绩,忽略了对学生其他方面表现的评价,依然保留着陈旧的评价观念。

总之,小学语文教学评价逐渐趋向多元化发展,但整体上变化不大,以终结性评价为主,缺乏过程性评价,考试成绩在评价中仍然保持重要的地位。这样的评价不具有客观性,不利于学生的全面发展和终身发展。所以探索建立符合小学语文新课程的教学评价体系,对于小学语文新课程的实施,具有重大的现实意义。

七、对教师专业发展状况的调查

教师职业有一套较为完善的专业理论和专业技能系统,教师需要长时间的专业训练和持续的在职成长。教师除了要达到一定的职前学历外,在职后更需要不断学习和进修。教师要树立终身学习的意识,努力提高自身综合素质和专业发展,这是语文新课程能否顺利实施的关键。通过学习或个人的自我学习与反思等经验,都有利于教师的成长,有助于培养教师所需技能、知识和其他品质。

通过调查发现,31.6%的教师希望通过自身努力成为本学科有影响力的教师,24.5%的教师觉得要加强学习和研究成为学科专家,43.9%的教师对自己的专业打算是顺其自然,没有一定的目标。经常订阅语文专业的刊物进行学习的教师只有36.5%。27.5%的教师在近五年内并没有进行教学研究工作,也没有在期刊上发表论文。不足30%的教师参与了校本课程的开发与实施,说明教师的学习和研究积极性有待提高。教师参加最多的是报告和讲座以及观摩优质课的培训,32.5%的教师选择导师带教,这部分教师主要是年轻教师。一堂课结束后,29.5%的教师会对课堂反映出的问题进行思考和改进,有15.5%的教师在其他班以同样的方式方法组织教学活动。56.5%的教师建议,学校及相关部门应该多组织一些有利于提升教师业务技能的培训活动或校本课程。

没有反思的经验是狭隘的,只能算是肤浅的认识。教师成长包括经验积累和不断反思,教师要积极主动地钻研教学中存在的问题,进行有目地研究,寻求解决教学实际问题的策略。小学语文教师的研究活动可以是参与某个课题研究,也可以是同事之间的交流沟通、探讨与合作,还可以是教师自己对资料的查阅。论文发表、专著出版、经验的交流、问题解决方案的总结运用、个人教学实践问题的解决和教学技能的提升，都可以算是教师的"研究成果"，对教师的专业成长具有促进作用。因此，教师应该树立终身学习的观念，积极学习积累先进的教学理念和教学实践经验，不断提高语文教学水平。

第二节　小学语文教学中存在的问题

一、教学目标不合理

课堂教学目标是课堂教学的灵魂和核心，是语文的核心价值所在，是语文教学的出发点和落脚点，也是整个课堂教学设计的核心。教学目标指导和制约着整个教学活动，决定着整个课堂教学活动的方向和课堂教学的操作流程，也直接关系着课堂教学的效果和学生的发展。教学实践证明，如果教师在课程开始，以导言组织或是内容概要的方式展开，确立学生的学习方向，有效引导学生进入学习状态，学生就能随时保持高度的学习方向感，能有效提高教学效率。因此，科学合理地设计教学目标，在教学中具有重要作用。但是，在目前的小学语文教学目标设计中，还存在一些问题。

根据《小学语文新课程标准》，小学语文课程的总目标应按照知识与能力、过程与方法、情感态度与价值观三个维度制定，充分发挥教学目标的导向和激励功能，着眼于学生语文素养的提高，促进学生的全面发展。小学语文课堂的教学目标是对小学语文课程目标的具体化和情境化，它既应该体现语文课程的总体目标，又能适应教材的特点、学生的具体学情和教师的教学个性。这就要求教师在制定教学目标时要全盘谋划，从教师、教材和学生三者统筹兼顾，既要有以感知为基础的认知目标，又要有以能力训练为主的技能目标，同时还应制定学生的内在情感态度与价值观目标，并把各个方面的教学目标有机融合在一起，使之三维一体化。但在目前的小学语文教学中，教师制定的教学目标往往不全面、不到位，偏重对知识与能力的训练，忽视对过程与方法、情感态度与价值观的训练，导致教学目标单一和不合理。

教学目标是教学活动的重要因素之一，是教学活动的指挥棒。教学活动的预期结果受教学目标的制约，整个教学过程围绕教学目标而展开。教学目标正确、合理，教学效果则有效，否则，教学效果则低效或无效。因此，在小学语文教学中，教师应该以新课程理念为指导，在制定教学目标时，既要注重学生的语文知识和技能目标，也要关注学生学习语文知识的过程与方法，使学生养成正确的语文学习观念和学习习惯，促进学生的全面发展。

二、教学方法不当

经过调查发现，小学语文课堂教学活动仍然突出的是教师的教，学生依然是跟在教师后面走。教师按照预设好的方案实施教学活动，提出问题以后引导学生沿着自己的思路走，从而得到自己预期的答案，整个课堂的互动很生硬。这种保守的教学方法，缺乏开放性，抑制了课堂的生成性和学生的创造性。在小学语文教学中，教师经常采用的一种教学方法是讲授法。讲授法是以讲授为主要活动的教学方法。教师可以运用讲授法，在短时间内将大量纷繁复杂的语文知识，简洁而又系统地传授给学生。教师可以根据学生的具体学情作出具体的调整和变化，灵活运用讲授法，提高课堂教学效果。但是许多语文教师由于讲授法运用不当，使小学语文教学成了灌输式教学。

灌输式教学，使教学活动教条化，单调枯燥。灌输式教学形式陈旧，以教师的讲为主，不符合新课程标准的要求。《小学语文新课程标准》强调尊重学生的主体地位，实现师生角色的转换，使学生自主探究知识。小学语文教学不应单纯地追求考试成绩，要使学生在智力、能力和情感态度等方面获得全面发展。灌输式教学枯燥乏味，使学生丧失了学习语文的兴趣，打消了学生学习的积极性。灌输式教学方式主要是以教师的教为主，学生扮演的基本是听众的角色。在课堂上，师生的互动很少，学生的参与度非常低，忽略了学生作为学习主体的作用，不能充分发挥学生的主观能动性。学生的参与度低，学习的热情和兴趣必然不高。除了灌输式教学，小学语文教师很少采用别的教学方法，导致教学活动单调枯燥，不能充分吸引学生的注意力，使学生失去了的积极性。即使教师在教学中运用了新型的教学方法，也大多数是蜻蜓点水，一带而过。陈旧、单一的教学方式，枯燥乏味，阻碍了学生的全面发展。

在新课程大力倡导自主建构知识的形势下，过去以教师单向传授知识为主的教学方式已经不符合现代语文教育的要求。新课程提倡让学生自主、合作、探究语文知识，从而实现自我建构知识的教学方式。教师必须重新认识和理解新课程，认识到新课程要求的教学活动是师生平等互动和共同学习的过程。学生是整个教学活动的主体，教师应转变教学方式，引导学生主动探索研究。通过教学方式的变革，带动学生学习方式的改变。在教学实践中，教师要营造开放式的教学环境，激发学生的语文兴趣，引导学生主动探究，使学生养成自主建构知识的习惯。当然，新的教学方法与传统教学方法并不是完全对立的关系。语文新课程的实施，并不意味着对传统的讲授式教学方式的完全否定。对于一些逻辑性较强和难度较大的知识点,教师可以采用以讲授式为主的教学方式。但是在教学时,教师必须把握好讲授的程度,杜绝满堂灌。在教学方式的选择上,教师要因材施教,灵活地运用各种教学方法,不断提高语文的教学效果。

三、教学模式陈旧

随着小学语文新课程的不断深入和发展,以学生发展为本成为教学活动的中心。在满足学生不同的语文需要等理念的指导下,各种培养学生自主能力和探究能力的教学模式应运而生,语文教学模式也呈现多样化的趋势。但是受考试模式的影响和约束,目前小学语文教学仍以"讲解—接受"教学模式为主。这种教学模式仍以教师的"教"为中心,忽略了从学生的"学"出发,教学效率较低。

在这一教学过程中,教师更多侧重的是将知识介绍给学生,很少考虑到学生应以何种方式学习更有效。一节课下来,教师讲得滔滔不绝,学生参与活动的机会很少,发言的机会也很少,课堂氛围不活跃。在教学设计中,教师没有设计有趣的师生互动,难以提高学生的注意力,不能有效激发学生的学习兴趣,学生注意力不集中,导致教学的效率很低,学生的学习效果也不理想。

一堂有深远意义的语文课,应该是能给学生思考和启发,让他们在探究的过程中真正学到学习的方式,学到解决问题的办法,而不只是掌握应付考试的知识与考试技巧。传统课堂有限的教学与交流时间,限制了师生的深入交流,教师不能深入地了解学生的个性需求,对学生在语文学习中遇到的问题没有及时进行差异化辅导。在这种传统的教学模式的长期影响下,久而久之,学生会形成一种接受式学习模式,导致学生缺乏积极思考的能力,不利于培养学生的创造性思维。

所以语文教师在了解语文新课程理念和有效教学思想的基础上,运用新理念和新思想,改变传统的教学模式,在课堂上应该以学生为中心,充分调动学生的积极主动性,充分发挥学生的主观能动性,以练习、活动和实践为主,将学生学到的语言知识转化成语言能力,这样才能完成语文新课程标准中的教学目标,实现有效教学。

四、自主、合作、探究教学流于形式

有的教师为了赶时髦,每节课都使用自主、合作、探究的教学方法。不分主次轻重,不管有没有讨论的价值和必要,教师都让学生进行讨论,并且认为一节课内讨论用得越多越好,使教学活动走入了误区,结果就是学生疲于应付,激情有余,内容不足,教学实效欠佳。这样的讨论非常随意,讨论的效果也不理想。在教学中,也常看到这种现象。不管所提的问题有没有合作的必要，教师都要求讨论，教师提出一个问题，让学生分组展开讨论，教师的问题还没说完，学生就已经说出了答案，这样的问题完全没有讨论的必要。在实际的教学过程中，并不是什么问题都需要去讨论，什么问题都要讨论，无疑是将讨论形式化，即耽误了时间，又没有实际效果。

有时教师设置的问题超出学生的知识范围，学生看到问题，有种无从下手的感觉。在学生讨论时，有的教师缺乏参与意识，一味放手让学生合作，课堂无序、杂乱，没有课堂效益，更谈不上有效的指导。在学生讨论时，教师应该密切观察，适时给予指导。对于学生在讨论中存在的普遍问题，教师应耐心讲解，加深学生对语文知识的理解和吸收。学生参与教学活动的多少和参与的方式、方法，决定着教学活动能否成功完成，能否到达预期的教学效果。教师只有有效地引导学生开展自主、合作、探究活动，才能使学生高效地掌握语文知识，才能优化语文教学的效果。

五、教学评价体系不科学

目前，关于新课程评价机制的研究还停留在理论研究阶段，以理论层面的构想为主，缺乏具体的可实施的评价方案。小学语文新课程的实施，没有明确的衡量标准和目标导向。虽然新课程改革和素质教育的倡导已经有多年了，但是我国知识本位的价值取向已经根深蒂固，对学生评价的主要内容是语文学科知识和技能，忽略对学生综合语言运用能力、思维创新能力以及情感态度的评价。语文的评价方式主要是教师对学生的单项评价，学生处于被动地位，缺少学生评教师、学生评学生的多元评价方式。在教学的评价内容方面，分数的高低和成绩的高低是对学生进行评价的唯一标准，忽视对学生学习过程、学习方法和学习兴趣等多方面的评价。在这样的情况下，新课程只能在考试指挥棒的影响下沿着原来的轨道运行，小学语文课程改革难以顺利实施。

从教育部门对学校的评价，然后到学校对教师的评价，最后是教师对学生的评价，自上而下都是以学生的成绩和升学率作为主要的评价指标。这种一致以学生考试分数为目标的导向，使新课程提倡的多元化评价和发展性评价体系难以建立起来，小学语文课程改革难以取得实质性的进展。在日常教学中，教师对学生在课堂上的表现进行评价时，也是关注语文学科知。在学期末进行总结评价时，只有考试这一种方法，决定学生好坏的只有分数。在学习过程中，学生的努力、学生高昂的情绪、适合学生自己的学习方法等，在这种评价中是看不到的。语文教学评价方式单一，书面考试是唯一评价学生的方式，这"一把尺子"的标准扼杀了学生的个性。

语文教师应该按照语文新课程标准的要求，实施多元化的评价方式。一是评价方式多样化。不再把书面考试作为评价学生的唯一方式，可以用口试、日常家庭作业、课后访谈、课外活动、问卷调查等方式评价学生。二是评价结果呈现多样化。比如，语言描述、象征性图形奖励。三是参与评价的对象多样化。比如，学生自我评价、学生互评和家长对学生的评价。教师应该由原来的只注重结果的评价转变为结果和过程并重，不仅关注学生获取的知识与能力，还要关注学生获取知识的过程与方法，使学生树立正确的语文学习态度和观念。只有构建科学合理的教学评价机制，才能使师生查漏补缺，共同进步，不断提高小学语文教学的效率。

第三节　小学语文教学现状的成因分析

一、教学理念落后

调查发现，教师教学理念陈旧，导致当前对学生和教师的评价方式都以学生就业率为主要标准，忽视了学生的综合素质和各方面的潜力。三维目标中的过程与方法、情感态度与价值观目标的考查，在考试中一直是盲区。这种以考试为主的评价方式，会对实际教学产生误导。教师为了达到就业要求，难以将语文新课程的理念落实到教学实践中，学生由于就业压力，无法抽出时间进行自主探究。

受到传统教学观念的束缚，以及外界对学校和教师的评价依旧以就业率为主要标准的情况下，学校领导和教师对语文新课程的实施并不重视。许多教师认为，"语文课程改革只是形式，把大量的教育资源投入到为学生就业做准备的工作中"。因此，许多教师不重视语文教学，教学的模式较为落后，传统的语文教学模式仍然在课堂教学中占主导地位，满堂灌的现象依然存在，违背了新课程的教学理念。自主、合作、探究式的教学，一般都出现在公开课和观摩课上。在新课程的实施过程中，"穿新鞋，走老路"和"新瓶装老酒"的现象非常普遍。由于课时的限制和考试的压力，《小学语文新课程标准》提出的实践活动，基本上很难开展。由此可见，教师对新课程理念的接受和贯彻落实情况不容乐观。因此，只有教师不断创新教学理念，才能有效贯彻落实新课程标准，促进学生的全面发展。

小学语文教学活动不仅是一个操作上的技术问题，实质上更是教学观念和教学理念的具体体现。传统的教学观认为，"学生的学习是在教师的组织下进行的，教师是教学过程的主体，学生的学习完全是在教师的安排下完成的。教学活动是教师为完成教学任务而组织的，对于学生学习之后是否达到了教学的要求，教师的备课过程和教学评价考虑得很少"。因此，在教学过程中，经常出现"目标陈述不合理"和"目中无生"的现象，这多是由于教师的教学理念没有跟上新课程改革的步伐，在设计教学活动时沿袭老路产生的后果。通过课堂观察和教师访谈，我们了解到新课程虽然实施已有多年，但大部分教师的观念仍然很落后，对语文教学的理解还是停留在传授知识的层面，对教材的处理是围绕考试而展开的，教学活动围绕考试而设计实施。在教学实施过程中，仍以教师为中心，仍为讲授语言知识及分析课文为主，实行"满堂灌""填鸭式"的教学。在教学过程中，教师忽视学生主体性的发挥，轻视学生整体素质的发展，忽略对学生综合语言运用能力的培养。结果是教师和学生都付出了许多努力，都很辛苦，却没有使学生的学习能力和创新能力得到提高。

语文新课程改革的终极目的是全面提高学生的语文素养，促进学生全面、和谐、可持续地发展。语文新课程强调，学生是教学活动的主体，学生的认知过程是自主建构的过程，并非教师强加的。因此，在认知建构的过程中，教师要同时关注学习过程与方法、情感态度与价值观的形成。小学语文教师要科学地设计和组织教学活动，必须首先转变教学理念，使教育教学活动面向全体学生，以学生的全面发展为教学的最终归宿。在教学活动中，以学生为主体，充分体现为学而教的教学理念。

二、对教学目标的主观重视不够

目前，在小学语文教学实践中，教师往往忽视课堂教学目标的制定问题。在日常的教研活动中，小学语文教师更重视探讨教学方法，很少有人会质疑教学目标的制定。因为教学目标可以参考新课程标准，还可以借鉴教学参考书和其他教辅用书，其中不乏设计优秀的教学目标可供利用。还有一些教师直接将教学参考书中的教学要求和教学目的作为教学目标来用，把教学目标与教学内容或教学要点混为一谈。在备课上，"教学目标"一栏中填写的是教学内容或教学要点。事实上，这只是给"教学过程"展示的内容加上了一个"总起句"而已。这种没有教学目标或随意设置教学目标的现象，归根结底是教师对教学目标不够重视。

现代教学理论和实践都证明，教学活动是一种有目的、有计划的活动，其目的性和计划性主要反映和体现在教学目标上。完整的教学活动，包括教学目标、教学过程和教学评价三大支柱，而教学目标占据首要位置。有效的教学，必先具备有效的教学目标。有效适当的教学目标，是教学活动的第一要素和基本前提，是选择教学内容和教学方法的依据，也是衡量教学成败的标准。具体到一节课，课堂教学目标是灵魂，是一切教学活动的方向和归宿。注重教学目标的制定，是实现教学优化的重要前提。如果目标不明或者有偏差，教学行为就表现出盲目性和随意性，从而导致教学效率低，教学效果差。因此，小学语文教学必须有明确的目标。小学语文教师只有真正认识到语文教学目标制定的重要性，才能切实做好课堂教学目标的制定工作，从根本上提高小学语文教学的效率。

三、对教学内容把握不准

语文教学的最终目标是促进学生语文素养的全面发展。教师不仅要重视学生对语文知识的掌握情况，更要重视培养学生的语文运用能力以及创新思维能力；不仅要重视发展学生的智力因素，还要注重发展学生的非智力因素。只有深入理解《小学语文新课程标准》，选取恰当的教学内容，才能激发学生学习语文的兴趣，唤起学生学习语文知识的需要，最终才能取得较好的教学效果。教育部颁布的《小学语文新课程标准》，已经明确显示了淡化知识教学，突出能力培养与情感陶冶的倾向。小学语文新课程改革出台的许多新的教育教学理念和教学方法扑面而来，一方面冲击着不符合时代发展的传统教学思想和教学方式，使许多一线教师看到了美好的前景，另一方面又不能完全适应改革的现状，致使许多一线教师无所适从。

在新课标已成为基础教育主旋律的今天，仍有不少小学语文教师把传授知识作为教学的主要目标，甚至是唯一目标。尽管新课程改革明确提出了从三个维度制定课程目标，但是由于过程与方法、情感态度与价值观属于隐性目标，不像"知识与技能"目标那样好把握，以至于被一些教师当作"软任务"而不予以重视。尤其是在小学语文教学过程中，许多教师存在着对新课程标准认识不准确的现象，或断章取义，或片面理解运用。体现在具体的教学活动中，就出现了偏重"知识与能力"的训练，忽视学生其他语文素养的培养。

在教学中，许多教师认为语文教学内容就是教材的内容，教语文就是教教材，在规定的时间内完成大纲要求的所有课文。课堂的教学内容，就是讲解一篇篇选文，教和学的目的就在于领会这一篇选文。例如，它的作者、时代背景、字词句、中心思想和写作特点等，落脚点也只在"记住"。不同个性的学生，在同一个规定的时间，学同一篇规定的课文，听同样规定的分析，记同一个规定的结论。教师一丝不苟地遵循着教学参考答案，按部就班地完成着教参规定的教学目标，而不问这些教学内容有没有脱离学生的实际和心理需要，教学目标是否真正转化成学生作为生活主体的内在需要。课堂教学的终极目标，对教师来说似乎是教材，就是使学生掌握和复现教材中的知识，并且以掌握的程度衡量学生。对学生来说，似乎是学教材，就是为了学会那些教材中特定的知识内容，教学内容被僵化在近百篇的课文内。这样的教学内容，脱离了学生的生活实际，脱离了学生的特点，不利于培养学生在现实生活中的语文应用能力。学生看不到知识与他们现实生活的关系，看不到语文在生活中的应用，也逐渐丧失了学习语文的兴趣。

四、课堂教学脱离学生生活

小学生的课堂纪律意识淡薄，行为习惯差，因此在课堂教学中，教师需要花费较多的时间和精力对进行组织管理，教学进度必然受到影响。教师在规定的时间内完成教学任务已然不易，往往没有太多的时间、精力和心思再去考虑教学方法。再者，有些教师担心上课提问或讨论，学生可能借此起哄、聊天，整个课堂乱哄哄，反而浪费时间，影响教学；而有些教师认为，小学生基础薄弱，讨论不出什么结果。所以在小学语文课堂上，基本采用单一的灌输法，"教师讲，学生听"，教师传授着书本知识，学生被动地接受着书本知识，学生似"容器"，教师似"匠工"，整个课堂以教师的教为主导。

如果绘一张课堂交流流程图，所有的箭头都将指向教师或从教师那里出发。在整个教学过程中，教师注重的是学生对知识结果的掌握，忽视了学生结合自身的生活经验而对课文产生的理解、体验和感悟。教师这种"一言堂"的教学方式，使学生无法在语文教学活动中介入自己作为人的生命活动和精神活动。他们在课堂上体验不到语文有助于丰富生活自身的意义，当然也就无法促进学生在语文教学主动追求人生经验与意义的建构。德国教育家季斯捷尔维格曾说："不可能把文化修养和教育教给或者传授给任何一个人。任何一个想要获得文化修养和教育自己的人，他应该亲自参加活动，用自己的力量和自己的努力去获得，从外部只能得到激励而已"。

除了课堂教学方法单一、僵化外，还存在着教学空间狭窄的问题。所有的语文教学活动，都局限在课堂上。有人曾向学生做过调查，大多数人认为最有效的学习方式是在实践中学习。毋庸置疑，课内是语文教学的主阵地，学生的学习方法、知识技能等很大程度上在课内获得，但课内不是语文教学的起点，更不是语文教学的终点。语文课堂好比"加油站"，把学生的生活经验引入课内，通过"加油"，使学生的学习方法、知识技能等更加科学和完好，再让他们到生活中去检验和运用。让学生带着社会生活经验走进课内，又带着良好的技能和方法走向课外。只有这样，那些原来就是反映社会生活的课文，才不至于成为抽象乏味的教学符号，而是还原了它的本来面目，变得亲切、生动和充满活力。刘国正先生说:"语文训练,联系生活则生动活泼,脱离生活则死气沉沉"。语文教学空间,应尽可能拓展到校园、家庭和社会生活中去。课内课外,双翼并举。只有这样,才能使语文教学充满生气和活力。

五、缺乏对学生主体地位的重视

(一)忽视学生的主体性地位

近年来,倡导和弘扬教育主体的创造性,关注教育主体的生命价值和意义,让课堂教学焕发出勃勃生机和生命力,逐渐成为我国课堂教学改革的主题。在教学过程中,教师应该与学生积极互动,共同发展,处理好传授知识与培养能力的关系。教师要注重培养学生的独立性和自主性,引导学生自主探究知识,在实践中学习,促进学生在教师指导下主动、富有个性地学习。但是在当前的小学语文教学中,普遍存在忽视学生主体性地位的现象,具体表现在以下四个方面。

第一,学生的学习缺乏主动性。课前能主动预习的学生很少,课堂上能自觉开动脑筋思考问题的学生也很少,大部分学生对语文学习缺乏积极性和自主性。第二,学生在自主探究知识的过程中,教师干预过多。当前的语文课堂,大多是以教师的"教"为主体的教学模式,学生在课堂上的自学时间不多。新课程教学理念没有被教师广泛接纳,课堂以教师为中心的观念还是根深蒂固。这样的教学模式,扼杀了学生学习的主动性、积极性与创造性。第三,学生间的合作交流以单向互动为主,多元互动较少。学生平时的互动交流,大都为师生之间认知性信息的单向交流,多元互动少,缺乏综合交流。在课堂上,学生发言的机会很少,参与讨论的情况也很少,学生之间很少交流学习体会。学生与学生之间缺乏有效的沟通和互动,导致不善于与同学互助合作和共同交流学习。第四,学生创新意识薄弱。学生在语文学习的过程中,很少怀疑知识的正确性和教师的权威性,不善于发现问题并提出问题,导致学生缺乏质疑与探索的意识。

(二)缺乏对学生差异性的关注

我国的教育家很早就认识到学生之间存在着差异,最典型的是著名教育学家孔子的"因材施教"观点。国外著名教育家昆体良要求重视学生的差异性,教师教学要以学生的差异性为依据。在此基础上,采取适合学生天性差异的教学,发挥每个学生的聪明才智。对学生学习有着重要影响的差异因素,主要是智力与非智力、多元智能、认知风格、学习风格、学习水平、兴趣、性别、年龄、性格和学生准备等。著名的哈佛大学心理学家霍德华·加德纳在《智力的结构》中，提出全新的智能理念。他将人类的智能分为八种，即语言智能、音乐智能、数理逻辑智能、视觉空间智能、肢体动觉智能、自然观察智能、自知自醒智能和人际交往智能。每个学生都拥有自己最擅长的智能，不能简单地停留在传统的语言智能和数理逻辑智能来判断学生的学业成绩。以上都说明，在教学活动中关注学生个体差异的重要性。

语文教学活动要以学生的发展为中心，充分尊重学生的主体地位，关注学生的个体性差异，不断提高学生的语文素养。在当前的小学语文教学中，教师普遍采用"一刀切"的教学模式，但并不是所有的学生都适用于同一种教学方法。"一刀切"的教学模式，忽视了学生的个体差异，不符合《小学语文新课程标准》，导致教学效果不理想。因此，教师应该根据新课程标准的要求和小学生的特点，充分关注学生的个体性差异，不断创新教学理念，改进教学方法，不断提高教学效率，促进学生的全面发展。

六、师生关系不和谐

在学校中，学生首先是喜欢自己的教师，而后才是喜欢教师提供的教育。只有学生喜欢你，学生才会课堂上全神贯注地听你讲，吸收你传授的教学内容。但是有些教师往往注意不到这一点，使得师生关系不理想。较其他学科来说，语文学科的师生关系是有一定区别的。语文是一门人文性和工具性相统一的学科。在课堂上，教师要加强师生间和学生间的互动，这样有助于构建和谐的师生关系。

从某种角度来说，师生关系融洽与否，直接影响到教学质量的高低。师生关系对于有效课堂的建立也至关重要。学生喜欢教师，教师关爱学生，师生关系和谐融洽，课堂教学效果也会提高。例如，在调查中，有学生曾谈到，在A学校的时候，语文成绩一直很好，经常取得第一名。但转到B学校后，他的成绩却变得很糟糕。根据他的回忆，认为是因为两所学校里的师生关系不一样。在A学校里，教师都很年轻、热情、有活力，常常会与自己的学生，说说笑笑，气氛十分融洽。而在B学校，师生关系就没有那么融洽，教师与学生之间、学生与学生之间缺乏互助和友爱。该学生在A学校得到了教师的尊重，内心深处感受到的是愉快和幸福，常常是愉悦的体验，所以语文学得非常好。而在B学校，师生关系不融洽，所以学习成绩也随之下降。可见，良好的师生关系，令人心情舒畅，自信乐观，热情向上，积极主动，而糟糕的师生关系，则会影响学生的语文学习。

再如，学生张某从初一入学以来，语文学习成绩一直很好，各科成绩也不错，是教师公认的好学生。可是到了初二下学期，成绩直线下降，课堂上开始搞一些小动作，尤其是在语文课堂上。原因是有一次他在语文课上睡着了，被语文教师罚站了多半节课。从此，他就对语文教师心存芥蒂，在上语文课时也不再认真听讲了，而是扰乱课堂，影响了自己的学习和课堂教学活动的顺利进行。由此可知，良好的师生关系可以调动师生双方的积极性。只有在和谐的师生关系中，教师才能够"诲人不倦"，学生才能"学而不厌"。在这个案例中，教师让学生罚站，初衷是好的，是为了消除睡意，让他能更好地听课。了解学生和尊重学生，才是教育的前提。青少年处在青春期，容易叛逆，容易冲动，教师采用罚站的方式，忽略了学生的这一心理特点。在这个案例中，学生张某认为教师让他站着使他丢了面子，有损他的形象，所以产生了报复的心理，这是叛逆的一种表现。教师作为知识的传授者和课堂教学的设计者、组织者、管理者，如果把自己摆在高高在上的位置，不了解学生的心理特点，就会使自己和学生的距离很遥远，使得学生有敬而远之的感觉，这不符合新课程改革对教师角色的新要求。

新课程改革要求教师应是学生、学者和研究者，是学生心灵的培育者，是学生的榜样和朋友。在多数人的心中，教师是有渊博知识和较高文化水平的学者，有较强的学习能力和研究能力，学生也因为教师有较高的文化素养而对教师产生尊敬感和信服感。学生尊重教师，教师关爱学生，师生关系才会融洽。在讲授新课时，教师就是一位知识的传播者，要用自己广博的知识和丰厚的文化底蕴感染学生、吸引学生，使整个课堂在自己的掌控之中。语文教师是一位引导者，带领学生在知识的海洋自由遨游，和学生一起探索语文知识和学习语文的方法。如果说教师的角色是复杂多变的，那么语文教师的角色更是变化无穷。所以在教育教学活动中，语文教师要成功地塑造每一个角色，努力建立和谐的师生关系。

七、语文教师专业素质有待提高

（一）教育理论功底不扎实

有些语文教师没有系统地学习过语言学，对语文教育理论知识了解甚少，对语文教学法也没有系统的认识。教师语文课程理论知识贫乏，对于语文应该开设哪些分课程没有清晰的思路，不能够清晰地解读《小学语文新课程标准》，对国家课程改革了解不够深刻。另外，如果教师的教育理论功底不扎实，就不能将教育心理学知识运用到教学中，对学生的学习规律和学习心理缺乏深入研究，导致教学活动的设计不能充分吸引学生，不利于教学活动的顺利展开。

（二）教育实践能力欠佳

有些教师的教学方法不当，教学实践能力较差。还有个别教师的教学活动设计不适合学生的年龄特征和语言水平，教学方法单一。许多语文教师对教材和教学大纲的分析不够透彻，教学内容的重难点模糊，三维目标不明确。此外，教师的教学实践能力弱，还体现在对于课堂的掌控能力不够，处理课堂突发事件的能力不足。因此，教师应该认真学习先进的语文教学理念，不断积累教学实践经验，切实提高语文教学水平。

（三）教育科研能力薄弱

有些语文教师接受新观念和新理论的能力差。在教学中，学生仍然是被动地接受学习，对突出学生主体地位的教学方法探究不够，对于教材的处理只会生搬硬套，很少系统地研究教材，总是备一节课上一节课，对教材没有宏观上的把握。语文教师由于工作压力和时间限制，很少对教育实践中的现象和问题进行研究，很少走进学生、了解学生，这样很难将理论和实践相结合，也很难探究出属于自己的教学思路。

新时代要求语文教师具有更扎实的语言基础知识和技能，更高的文化素养。但事实是，有些语文教师缺乏专业素养，能力有待提高，尤其是开发课程资源的能力和教学反思能力较弱。在教学中，教学反思能力是极其重要的。教学反思是教师发展的基础，也是教师成长的起点。

语文教师要想有所转变，要想在自己教育教学的道路上有所发展和建树，必须有终身学习的意识，丰富自己的专业知识，让自己成为一个满腹经纶的"通才"。同时，要加强教育理论知识的学习，切实落实语文新课程先进的教学理念，做到理论和实践相结合，有效提高语文教学效率和学生的能力。

第三章　小学语文教学原则

语文教学原则是进行科学的语文教学的依据，它具有重要的理论意义和实践价值。20世纪80年代以来，许多有关语文教学的专著和文章，对此都进行了一定的理论探讨和阐述，提出了许多教学原则。但比较、总结这些教学原则，我们发现，有些虽表述不同，但内容实质相同，如"知识、能力、智力兼顾原则""语文双基并重与开发智力相结合的原则""传授知识，开发智力，培养能力相结合原则"等，其实都是一个意思，即在传授知识的过程中培养能力，开发智力。而这一原则又与另一教学原则"语言训练与思维训练相结合的原则"，在内容上是交叉关系。这里主要是从实践的角度来认识小学语文的教学原则。

第一节　语文课堂教学结构优化原则

所谓课堂教学的结构，指的是课堂教学的组成部分（或"环节"）及其顺序。它体现教学的整个过程，反映教学的组织形式。传统的语文课堂教学多是"教师讲、学生听"的形式。这种形式的弊病，叶圣陶老先生曾经作过十分中肯的分析："课堂教学既然是一讲一听的关系，教师当然是主角了，学生只处在观众的地位，即使偶尔举手答个问题，也只不过是配角罢了。因此，如何安排教学结构，就成为语文课堂教学研究的一项重要内容。所谓优化教学结构，则指的是在正确的教育思想和理论指导下根据教学的目的和要求，最恰当地解决教学过程中要素的组合和程序的编排，从而收到最佳的教学效果"。

语文教学结构的优化应该体现两个方面：一是语文课本身课型的优化；二是一节课本身结构和层次的优化。既然要优化，就要从学生的认知实际出发，根据不同的教学任务，整合教育教学资源，合理安排课程的设置和每节课的结构，从而达到有效教学和高效教学。

一、课堂教学结构优化

语文课堂教学结构一般包括以下五个环节。

（一）阅读指导

教师要善于指导学生读书，给学生介绍一些切实可行、行之有效的方法，向学生提出读书的具体要求。

（二）质疑设问

教师要在善于启发和鼓励学生认真学习和思考的基础上，积极提出各种各样的问题。质疑，是学生学习的真正开始。学生能设问，常常表明他已经进入了真正学习的角色。当然，教师也可以根据教学要求、内容的重点和难点，以及学生的认识水平，设置一些问题，激发学生的求知欲望和探究需求。

（三）释难解惑

问题提出后，怎样解决，谁来解决？自从韩愈在《师说》一文中规定教师的三项职能是"传道授业解惑"之后，似乎是不言而喻的。他说："人非生而知之者，孰能无惑？惑而不从师，其为惑也，终不解矣"。原来教师就是"解惑"的。其实，这种说法也不全对，因为教师可以"解惑"，学生之间也可互相"解惑"，提问者再继续学习、思考或受他人启发后，也可为自己"解惑"。因此，在课堂上，可以通过师生共同讨论的方式来获得共识、获取新知。

（四）总结提高

课堂教学不能仅仅停留在使学生获取新知的阶段，而必须通过进一步推动以使学生的新知转化为智能的阶段。因此，教师应该在学生掌握新知之后，及时地引导学生自己总结方法、规律，提高阅读和写作的能力。学生在阅读和写作的实践过程中，不断地积累着感性认识和理性认识。在这基础上教师适时地加以点拨，学生就有可能从个别到一般归纳出规律性的东西，从"语感"中悟出深刻的道理。这就是让学生从自行发现问题、发现知识，到自行去概括，得出结论。学生的读写能力正是这样形成的。

（五）巩固深化

人们的认识不可能一次完成，学生的认知和智能形成也不可能一次实现。这就应有一个巩固深化的阶段。教师可精心设计练习，及时反馈学生认知和智能形成的情况，并及时予以矫正，使不同层次的学生都能得到具体的切实的帮助。教师要明确练习的是"反馈"与"矫正"，是对学生认知和智能形成的巩固与深化。因此，搞题海战术，练习以多取胜，以练代学，都是不足以取的。语文课堂教学结构的五个环节，环环相扣，逐层深入，体现了学生认知的过程和智能形成的过程，体现了由浅入深、由易到难、由知识转化为能力的循序渐进的过程。

二、课型结构优化

教学过程各个阶段所完成的具体任务是不同的，而每一节课都要完成一定的教学任务。根据课堂上所完成的任务不同，可以分成若干不同的课型。教师应该根据单元教学和课文教学的总体要求和设计选取恰当的课型，制订课时教学计划，合理地安排师生课堂教学的具体活动内容，把教学过程中各种要素加以有机组合，把各项教学程序加以巧妙编排。常见的语文课型有以下几种。

（一）导读课

学生在教师指导下阅读课文，这是教师指导与学生自读的结合，即课内自读。以学生自读为主，教师指导的作用是"提纲挈领，期其自得"，内容"包括阅读以前对于选定教材的阅读方法的提示，及阅读以后对于阅读结果的报告与讨论"。思考讨论的问题，可由教师事先拟定，也可由学生自读后提出。这种课十分鲜明地体现出学生的主体作用，但教师的主导作用也是不可忽视的，因此"审核他们的报告，主持他们的讨论，仍是教师的事；其间自不免有要订正与补充的地方，所以还是指导"。（《叶圣陶语文教育论集》）

（二）讲读课

这是教师讲解和学生阅读相结合的课堂教学形式。一般用于精讲精读课文的学习。教师讲解很重要，有时甚至"纤屑不遗，发挥净尽"。但讲什么、怎样讲，却是需要教师认真考虑和设计的。讲什么，当然要根据课文内容和教学的目的要求，也要根据学生对课文的理解程度，力求有的放矢，针对性强。怎样讲，还是以启发式为好：提出问题，促进学生思考，引发大家讨论，适当处教师加以点拨，自然得出结论，这样学生理解比较深切。

（三）讨论课

学生在教师的组织引导下进行专题的课堂讨论。讨论题应有一定难度，或能引出激烈的争论，使全体学生产生浓厚兴趣，积极参与。例如："朱自清散文的特色""白洋淀派小说的风格""周朴园的思想性格""鲁四老爷是杀害祥林嫂的元凶吗"等题就很有讨论的价值。讨论，应先要求学生做好充分的准备，拟好发言提纲。教师在讨论中要注意引导学生摆事实、讲道理，以理服人，并适时点拨，使讨论向正确的方向发展，逐步深入下去。教师要做总结发言，肯定讨论的收获，提出供学生进一步讨论的新问题。

（四）朗读课

这是以朗读为主的课堂教学形式。诗歌、寓言、写景抒情和状物咏志的散文（过去人们称为"美文"），以及戏剧作品，都可以朗读为主要形式进行教学。语文是言语学科，朗读是它的一大特点。传统的语文学习，重视朗读的功夫，这是心、眼、口、耳并用的学习方法。师生反复朗读课文，可以深入体味作品的思想感情和表现手法、遣词造句的佳妙。这不是教师讲解和学生讨论所能代替的。教师要讲解一些朗读常识，引导学生在朗读中掌握好逻辑重音、停顿、语调和节奏，并且可做示范。朗读方式可以多样化：或个人朗读，或分角色朗读，或集体朗读。

（五）速读课

面对技术革命的挑战和猛烈增长的书山，沿袭已久的阅读法已难以适应新的形势。所以，不少人提出了行之有效的快速阅读法。这种阅读法是从文字当中迅速获取有用信息的一种方法，它完全不是表面性的浏览，而是一种积极的、创造性的理解过程，读者在这个过程中要对几种事实和结论进行分析，对某些概念进行综合分析，从而为形成新的知识打下一个基础。教师要向学生介绍这种阅读法，在实践中掌握这种方法的要领，学会整体阅读和鉴别阅读，并用各种检测手段来了解学生捕捉信息的能力形成的状况。

（六）作文指导、讲评课

学生作文前教师进行指导，作文后进行讲评，这是写作教学的两个重要环节。教师指导的内容包括：观察、分析客观事物；审题、开拓思路，立意、选材；布局谋篇；不同文体的做法等。指导可结合课文教学进行，以教材作为学生写作的范例，也可提供可参考借鉴的文章。教师在普遍指导的基础上,应进行个别帮助。作文讲评要求目的明确,重点突出,收到切实的效果。讲评有多种方式:教师可对学生作文情况进行有数据的有实例的概括分析,肯定优点,指出缺点,并做到重点突出;可选出一篇或几篇优秀作文进行深入分析,典型指导;可选出几篇较有代表性的作文,由学生自己朗读,教师组织学生评论;可印发一两篇学生作文,教师指导全体学生评改,并展开讨论;可采用对比的方法——作文与课文对比、原稿与修改稿对比、优秀作文与较差作文对比,并进行评议;可抓住作文中的一两个主要问题,结合有关写作知识深入进行专题讲评;可以组织学生写作文后记,在课上发言谈心得体会,教师总结,揭示写作的规律等等。教师在讲评中一定不要伤害学生的自尊心,要保护学生的积极性。

第二节　听说读写相辅相成原则

语文新课程标准明确提出:要进一步提高学生的阅读能力、写作能力和口语交际能力。语文教学基本任务应该是:以能力训练为主,重视文化熏陶,全面提高学生的语文素养,培养学生正确理解和运用语言文字的能力。如何根据新课标的要求,针对学生的实际情况进行能力训练,以提高课堂教学的有效性呢?

一、有目的地培养学生"听"的能力

在传统语文教学中,"听"通常是指学生上课时听教师讲解,是一种学生被动接受知识的"听"。久而久之,学生坐享其成、不动脑筋的听课习惯形成了。有目的地培养学生"听"的能力应该从以下三个方面着手。

(1)要培养学生"听"的兴趣。这就要求教师授课生动、有趣,以充分调动学生爱听的积极性。如讲《爱莲说》时,可以边让学生欣赏美丽的图画,边让学生聆听朱自清《荷塘月色》中的优美语段,然后让学生谈谈对莲的总体感受,这样不仅让学生受到美的熏陶,激发了"听"的兴趣,更为学习课文做了铺垫,打到了事半功倍的效果。

(2)要培养学生良好的"听"的态度和习惯。这就要求教师在指导学生时,要了解学生,根据不同的个性选择不同的方式来加以引导。使学生学会在听的过程中,用点头、微笑、赞许、关注的眼神来注视对方;用表情及简短的语言来启发对方;不轻易打断对方的话;允许对方发表和保留不同的意见。

（3）要培养学生掌握"听"的科学方法。要求学生集中精力，面对说话的人和所表述的话题，注重唤起相关的知识、资料、概念和想象，形成与这个话题相关的互动。围绕对方说些什么，为什么这样说；对所听到的词句及重点都要有心理反应和认知上的反馈；在"听"的过程中能够进行快速的总结和评价，对所听到的内容，能区分主次，自觉形成整体观念，从而在心中牢记需要记忆的内容。

二、有计划地培养学生"说"的能力

在语文教材中，有些单元后面安排有"口语交际"这一部分内容，可见"说"的能力训练的重要性。语言是人类重要的交际工具。用语言来表情达意的过程就是"说"。教学上的"说"，不只是教师授课，学生在课堂上回答问题，应该是一种学生主动用语言来表达思想的技能训练。因此，这种"说"的能力的培养，要有计划、有步骤地进行。

（1）在课堂内进行"说"的训练。课堂上要想方设法为学生营造"说"的环境，充分给学生"说"的机会，将课堂这个舞台真正交到学生手中，为他们创设一个最佳的语言环境。例如，我们可以让学生在课前几分钟谈谈自己感兴趣的新闻、时讯，让学生自由讨论，畅所欲言，以培养学生说的能力，同时在语文教学中，多鼓励学生敢于就教学内容发出质疑，提出自己的见解。围绕教材，旁征博引，激发他们学习语文的兴趣，增强他们说话的本领。

（2）在课堂内进行"说"的实践。可以通过叙述、说明等"说"的实践活动，让学生复述课文、介绍自己、口头描述周围的人和事等；如果进行各种朗读和表演活动，可以结合课本中散文、诗歌、剧本、小说等不同语言特色，使课堂教学适当地小品化、朗诵化。

（3）可以在课堂外进行"说"的实践。如经常举行小型主题班会、故事会、演讲会、辩论会、诗歌朗诵会等以"说"为主的活动，培养学生社会实践和交际能力。

三、有步骤地培养学生"读"的能力

教师在课堂上往往重视课文的朗读、精读、泛读、略读，却轻视了"读"的能力的训练。应该在重视朗读、精读的基础上，更强调泛读、速读的能力训练。朱熹在《读书三则》中说道："读书有三到，谓心到、眼到、口到"。可见"读"是一种口、眼、耳、脑并用的语言训练形式，是语文教学的一把重要钥匙。

（1）要激发和培养读的兴趣。语文教材中的篇章都是经过科学筛选的范文，具有典型性、科学性、实用性等特点。教师要充分挖掘教材中"读"的趣味点,对范文的谋篇布局、风格特点、题旨意境等进行生动的分析和点拨,使学生想读、爱读,最终达到理解文章、为我所用的目的。

(2)要注意训练学生泛读能力。主要体现在引导学生广泛阅读课外书籍,尤其是名家名著,鼓励学生多读书、读好书、好读书,提高课外阅读量。在泛读的基础上,让学生养成良好的读书习惯,提高学生读书的速度,培养速读的能力。

(3)要培养学生掌握科学的阅读方法。这是语文教学的难点。达尔文说过:"最有价值的知识是关于方法的知识。掌握了方法,就掌握了金钥匙"。因此,教会学生科学的阅读方法,能使其终身受益。

有步骤的阅读方法包括读书、理解、领悟、应用,这是一个有机整体。首先是读书,可以提高学生学习的兴趣,养成良好的学习习惯。其次是理解,训练学生的阅读思维能力,能够快速地掌握书本内容的结构、思路、特点。其三是领悟,注重读后有所启发,有所感触,有所创新,能写出自己的体会和感想。其四是应用,将书本的知识和自己的体会运用在实际生活和学习当中,检验自己的阅读成果。

四、有意识地培养学生"写"的能力

在教学实际中,"写"往往只是一种被动的训练。语文教学上的"写",应该是一种让学生学会观察生活、思考人生和表情达意的创新方式,是一个充满活力的心理行为过程。

(1)指导学生注重平时的观察、思考。教师要指导学生平时注意观察生活、积累写作素材,通过学生实际的体验,唤起他们的思维和兴趣,从而写出自己感兴趣的东西。必要时,教师可以进行适当的指导,发挥示范和激励的作用,并根据学生自身特点选择不同的方法进行指导。

(2)注重对学生的写作训练。以记叙熟悉的生活为主,使学生能写自己所熟悉的内容,从而克服写作训练中的盲目性和畏难情绪。可以让学生以一个方面的说明、一个角度的论述为基础,逐步积累写作经验。同时,教师还要及时对学生作文进行指导,上好作文讲评课。

(3)有意识地培养学生的写作能力。可以在课堂上让学生充分发挥想象力去写作。如上《两小儿辩日》时,可让学生根据故事情节发挥丰富的想象力进行课本剧的编写和表演,根据文章主旨进行小型辩论赛,课后让学生把课本剧和辩论赛内容写成作文,这样有趣的活动激发了他们学习课文的兴趣,提高了课堂教学的有效性,同时,更在潜移默化中提高了学生的写作能力，可谓是一举多得。

综上所述，在新课改教学理念下，听、说、读、写这四种基本能力训练是一个有机整体，缺一不可，它们相互促进，相辅相成，是语文素质教育的重要组成部分。我们只有抓住这四种基本能力的训练，才能切实提高课堂教学的有效性，提高学生快速的思维能力和语言运用能力，以达到全面提高学生语文素养的目的。

第三节　语言训练与思维训练相结合原则

语文是人们交流思想的工具，是学习和生活的工具，它具有工具性；而且说出的话，写出的文章，又总要反映一定的思想，它又具有思想性。工具性和思想性是语文学科所反映出的两种基本属性。"语言—思维"型教育区别于"文字—语言"型教育的一个基本特征，就是在整个语文教学中要以语言和思维训练为核心，实现语言训练和思维训练的密切结合。

语文学科之所以能够反映出工具性和思想性，是因为语文包含着语言和思维这两个更核心的因素，是这两个核心因素相互作用的结果。语文为什么能充当交流思想的工具？就是因为它一靠语言，二靠思维。无论是说给别人听，还是听别人说，无论是写文章给别人读，还是读别人写的文章，都是既要靠语言，又要靠思维。就是说，语文是靠着语言和思维这两个核心因素相互作用，才有了听说读写的思想交流过程，才表现出了它的工具性。语文为什么又能表现出思想性？也是因为它一靠语言，二靠思维。人们说出的话，写出的文章，都是一种思想的表达，而这种思想是靠语言和思维的共同作用才产生的。当一个人在生活实践中遇到了某个问题，他就会在头脑中针对这个问题以语言为工具对已有的知识经验进行思维加工，最后形成一种认识，这就是思想。可见，离开了语言和思维，也就不可能形成思想，语文也就不会具有思想性。由此可见，工具性和思想性是语文学科的两种本质属性，但它们又是通过语言和思维这两个核心因素的相互作用才表现出来的；因此，语文学科更深层的本质或根本属性，是语言和思维相互作用的辩证统一。

在语文教学中，需要对学生进行的训练是多方面的，人们过去把最基本的训练归纳为听、说、读、写四个方面。听说读写既是人们以语文为工具进行思想交流的四个基本过程，也是语言能力表现的四个基本方面。听说读写的能力提高了，整体的语文能力也就提高了。但是，我们还应该更深一层地思考，听说读写这四种能力又是由什么决定的？是语言能力和思维能力。无论听说，还是读写，它所表现出的还只是一种外在的能力，而决定这四种外在能力的内在的、核心的东西是学生实际的语言能力和思维能力。认识了这一点，我们在语文教学中就不能单纯地就听说读写去训练学生的能力，而应该重视语言和思维的训练；同时，也不能把听、说、读、写的训练和语言思维的训练看成是同一层面的东西，而且应该以语言和思维训练为核心，去带动听、说、读、写的训练。

在语文教学中要体现语言和思维训练的核心作用，主要应该处理好以下几种基本关系。

一、处理好语言和思维训练同听说读写之间的关系

语言承载着思维的信息，它是语言和思维在共同起着作用。而听说读写又是语言和思维共同作用下的外在表现形式，离开听说读写，语言和思维便失去了得以外化并与他人进行思想交流的条件，它只能永远保留在自己的头脑中。正因为听说读写和语言思维存在着这种相互依存的关系，所以在实际的教学中就应该将语言和思维的训练同听说读写密切地结合在一起。要做到二者的结合，又必须注意以下两点：

（1）要注意在听说读写的训练过程中必须突出语言和思维的训练。在实际教学中，往往有这样两种不正确的认识：

一是认为只要让学生多听多说多读多写，听说读写能力便会提高。事实证明，如果忽视了听说读写过程中语言和思维的训练，一味强调学生多听多说多读多写，则必然事倍功半，不能达到好的效果。比如阅读，即使每篇课文学生都可以背出来，如果死记硬背、不求甚解，既不懂得文章的语言好在什么地方，又不懂得作者是如何思考问题的，学生仍然不会学到更多更好的东西，也不会形成能力。

二是认为既然语言和思维与听说读写有着密切的关系，那么抓好听说读写也就自然而然地提高了语言和思维能力。这种认识也是不对的。语言和思维能力的提高要靠听说读写，但只有在听说读写过程中有意识地强化语言训练和思维训练，语言和思维能力才能提高。比如写作，学生当然也要思考，也要用语言来表达，但如果不在语言和思维方面提出要求，学生便是不自觉的，盲目的，他的进步也必定是缓慢的。

因此，必须纠正以上两种不正确的认识，在听说读写过程中有意识地突出语言和思维的训练。这就需要我们在每次的听说读写活动中，都必须在语言和思维两个方面提出明确的训练目的和要求，提出具体的训练方法和措施，通过听说读写活动使学生的语言和思维都得到很好的训练。

（2）语言和思维的训练必须结合听说读写活动来进行。以语言和思维训练为核心，

并不意味着去孤立地搞语言和思维的训练，而必须将语言和思维的训练紧密结合到听说读写活动的过程中。在 20 世纪 80 年代，一些教师曾经出现过把思维训练与听说读写割裂开来，孤立地去搞所谓思维训练的倾向，这种做法是违背语文课思维训练规律的。如果把语言和思维的训练与听说读写搞成两张皮，非但语言和思维的训练会流于形式，而且听说读写也不会收到好的效果。在听说读写的过程中要突出语言和思维的训练，而语言和思维的训练又必须贯穿于听说读写的过程中，这才是正确的认识。

二、处理好语言和思维训练同知识经验的积累及非智力因素发展的关系

知识经验对语言和思维发展是十分重要的。有人误认为强调开发智力、发展思维便可以忽视知识经验的学习和积累，这是不对的。知识经验是思维的材料，思维即是对知识经验的认识加工。试想，如果学生写作文时，头脑空空，既没有感性的生活经验，也没有理性的知识材料，凭借什么来调动思维呢？正因为知识经验对思维起着重要的作用，所以我们既不能只重视知识的传授而忽视思维的训练，也不能脱离知识经验而孤立地去搞思维训练。正确的认识是，只有重视学生知识经验的学习和积累，才能从丰富思维材料上为思维发展创造必要的条件，这才真正体现了语言和思维的核心作用。因此，在教学中一是要让学生养成平时勤于观察、留意生活的习惯，注意积累感性的经验。同时，要让学生在观察中勤于动脑，学会分析事物，并能用准确的语言把所见所闻表达出来。这样，学生的感性经验丰富了，语言和思维也得到了训练。二是要让学生养成自觉阅读的习惯，注意积累知识性的材料。目前学生阅读量不足是个大问题，这是造成学生文章思路狭窄、空洞乏味的一个重要原因。要让学生有东西可写，有内容可思考，必须增加阅读量。同观察的要求一样，也要让学生在阅读中勤于动脑，多加思考，向作者学语言，学思维。这样，学生的知识材料丰富了，语言和思维也得到了锻炼。

非智力因素对语言和思维发展也很重要。非智力因素包括情感、兴趣、动机、意志等。且不说语文教学负有培养学生非智力因素的责任，即从学生语言和思维的发展来说，非智力因素也是影响发展的一个前提条件。以兴趣为例，如果教师教法不得力，激发不起学生的兴趣和积极性，学生便会因为缺乏动力而处于被动状态，语言和思维的训练自然难以收到好的效果。再如情感，记叙文和文学作品的阅读和写作都离不开情感性的语言和情感性的思维，如果学生的情感不能得到健康与充分的发展，那么他们的情感性语言和思维的发展也必然会受到限制。所以为了学生语言和思维的发展，我们还必须重视非智力因素的培养。

三、处理好语言训练和思维训练的关系

要体现语言和思维训练的核心作用,除了要处理好以上诸关系外,关键还在于处理好语言训练和思维训练核心内部二者之间的关系。在总体要求上,既要防止脱离思维训练去单搞语言训练的倾向,也要防止脱离语言训练去单搞思维训练的倾向,做到两种训练的有机结合。语言训练之所以要同思维训练很好地结合,就是因为学生的思维对语言的发展起着重要的作用。例如学生作文中出现的用词不当或句子不通的问题,从形式上看是语言的问题,而从内容上看则是思维的问题,因为学生还不能正确地理解和运用概念,还不能对事物做出合乎逻辑的判断。事实证明,学生的语言总是随着其思维的发展而向前发展的。如果不重视思维的训练,其语言的发展也会是不健全的。因此,我们应该在语言训练的同时抓好思维的训练,并且将二者有机地结合起来。例如在词语训练中就应该很好地渗透概念方面的内容,在句子的训练中就应该很好地渗透判断方面的内容,在论证方法的训练中就应该很好地渗透推理方面的内容。不论听学生回答问题还是看学生的作文,不仅要注意到学生语言方面的问题,而且应该从语言的问题中看到思维方面的问题,这样才能使学生的语言能力以及思维能力都得到提高。

思维训练之所以要同语言训练很好地结合,也因为学生的语言对思维的发展起着重要的作用。语文的思维是一种以语言为工具的思维。在大脑中,要以语言为工具进行思考;思维的结果即思想,也要以语言为工具表达出来。可以说,离开了语言,便不能体现出语文的思维。

因此,语文课的思维训练必然是语言性质的思维训练,是同语言训练结合在一起的思维训练。在语言训练中,每当学生理解和掌握了一个新的词语,一种新的句式,一种新的表达方式,他就寻求到了一个能够反映相应事物的标志,增加了一种能够反映自己思维内容的表达形式,他的思维也就向前发展了一步。正因为如此,我们进行思维训练必须紧密地结合语言的训练进行,只有这样,学生才能既会以语言为工具进行思维,又会以语言为工具进行表达,才会真正形成语言意义上的思维能力。

如果能够在听说读写的过程中抓好语言训练和思维训练,并能将这两种训练有机地结合在一起,同时能够注意从知识经验和非智力因素两个方面为语言和思维的发展创造好条件,也就真正体现了语言和思维训练在语文教学中的核心作用。

第四节　课内教学与课外学习相结合原则

课内教学和课外语文学习相结合、相互促进是语文教学的基本原则之一，这一点在学术研究界的内外，在广大教师中是有共识基础的。在语文教学过程中，以课内教学为基础，把课内教学和课外语文学习结合起来，使有限的课内教学向无限的课外学习延伸和发展，通过课内外学习的相互配合、相互促进，提高语文教学的质量和效率。这项原则是对语文课内教学与课外学习之间辩证关系的科学反映。同时，语文教育发展历史也表明：坚持课内教学与课外学习有机结合、相互促进是全面提高语文教学质量的必由之路。

前面提过，工具性是语文学科的属性，要求语文教学要使学生形成能力，学以致用。既能够听、读，又长于说、写。听、说、读、写是人们表情达意、交流思想和信息的工具，一方面必须和社会生活取得联系，在社会生活实践中形成并最终接受社会实践效果的检验。另一方面，听说读写能力是非经反复历练不可的，紧紧依靠课内有限时间、空间和有限的训练材料是远远不够的，要想训练有效必须向课外扩展。课外语文学习为听说读写训练提供了更广阔的天地。语文学习的外延与生活的外延相等，从家庭生活到社会生活，从衣食住行到世间百业，语文学习无所不在，范围之广泛，形式之多样是课内教学所无法比拟的。充分利用课外语文学习可以加强从知识到能力的迁移效果。在学习效率上，课外语文学习也有诸多优势。如学习内容与学习形式的相对开放灵活，可以更好地满足不同层次、不同兴趣爱好的学生的心理需求，有利于因材施教，同时课外语文学习更加贴近生活，学生的情境感更强，语文的工具性特点更突出，有利于提高学生学习积极性。可以说，从学生形成语文能力的全过程看，语文学习是不应该也绝不可能划分课内课外的。

随着素质教育在语文教育教学中的逐步落实，语文教学除完成传授知识、培养能力、开发智力的智力目标，培养思想道德品质的德育目标及提高审美思想的美育目标外，更应在发展个性、增强信心、激发兴趣、传授方法、增长才干、培养开拓创新方面发挥优势，让每个走出校门的学生都成为既具有聪明才智，又拥有丰富思想感情和健全人格的"大写"的人。显然，以组织性、计划性、集中性、统一性见长的班级授课制，无法满足语文素质教育的要求。只有冲破单纯的班级授课制，让教学活动向课外、向社会、向生活方向拓展，提倡"大语文教育"，采取"一体两翼"的教学结构（一体即课堂教学主体，两翼分别指语文学习环境和语文课外活动），优化学习环境，课内课外相互结合协调统一,才是解决课堂班级授课制和语文素质教育之间矛盾的出路,这也是确定课内外语文学习结合的现实依据。

由此可见,语文课内教学是课外学习的基础,并对课外学习起指导作用;课外学习是课内学习的延续和发展,又反过来丰富课堂教学的内容和形式。课内与课外相互补充、相互促进、相辅相成是语文教学的又一客观规律,认识与利用这一规律指导语文教学就必须做到得法于课内,有益于课外,促使语文教学整体效率的提高。相反,如果忽视这一规律,只重视课内而忽视课外就等于飞鸟断了一翼,飞不起来的是整个身体,而不仅是一只翅膀。那么,如何在语文教学中贯彻这一原则呢?

一、树立"大语文教育"观念

"大语文教育"是顺应时代发展而产生的一种科学的语文教育思想体系。这一体系的基本思想是:

(1)强调语文教育与社会生活的结合,即通过"一体两翼"的教育结构使语文教学以课堂教学为轴心,向学生生活的各个领域拓展,全方位地把语文学习与他们的学校生活、家庭生活和社会生活有机地结合起来,把教书与育人结合起来,把学生知识能力培养、智力开发及非智力因素的培养结合起来,确保学生接受全面的、整体的、能动的、网络式的培养训练。

(2)强调语文教学与其他学科教学的有机结合。"大语文教育"思想着眼于学生的综合素质的全面发展,追求语文教学内容、教学过程的开放性,使语文学习渗透到学生的一切社会文化环境之中,发展学生个性,进而把学生培养成为能适应时代要求的知识、能力及人格均健全的新人。

正确认识"大语文思想",必须首先重新认识课内与课外的含义。语文教学的发展趋势表明,课内教学不再指传统的由固定的教室、固定的学生在固定的时间内学习统一教材的教学组织形式,而是指师生按照国家教学计划的要求和新课程标准,完成语文基础知识、基本技能、基本方法,以及初步认知能力的培养训练任务。所以即使是课内教学也不应拘泥于固定的场所、统一的形式里,只要以训练学生的基本语文素质为目标,便可认为是课内教学,同样课外教学也不再单指安排在教学规定的时间之外的"课外活动",而是泛指与课内教学紧密相关的,对课内教学起强化巩固、实践运用作用的所有语文学习形式。课内与课外已经不存在严格的界限,它们之间只有学习目标不同,没有学习形式上的差异。明确这一认识,才能在教学实践中更好地把课外学习的方法、手段引入课内,把课内学习的经验引向课外;把学生已有的生活经验引进课堂，把课堂所得延伸到生活中去。两项协调发展、共同提高。在进一步认识"课内""课外"含义的基础上，语文教师还该应明确"大语文教育"对课内教学提出了更高的要求。树立"大语文教育"观念，坚持课内教学与课外学的有机结合，充分发挥课外语文学习的优势，是以高质量的课内教学为基础和前提的。课内教学有统一的教学计划、教学内容和质量检验标准，其传授知识、训练能力的系统性是课外语文学习所无法完成的。没有课内学习的思想基础、心理素质、知识和能力，就难以卓有成效地开展课外学习。因此，课内教学必须以其较高的质量水平，为课外学习打下坚实的基础。

二、发挥主体性，加强计划性

开放、灵活、自由、民主是课外语文学习的突出特征。课外语文学习的收获及效果可以说与开放、民主的程度成正比。教师切记干涉过多，如果课内满堂灌，课外还是满堂灌，学生必感索然无味。发挥学生的主体性并非自由"放羊式"，教师在教学、指导过程中要赋予每个学生平等的权利，为学生提供能体现他们主体性的条件和环境。教育他们争做主人，会做主人。同时，为确保课外学习的有效性，达到课内外学习的相互促进，加强课外学习的目的性和计划性是十分必要的。在制订学期、学年教学计划时，要本着课内外结合的原则，同时制订出课外语文学习的计划，使课外学习在内容和目标上与课内学习相联系。明确的目的性和严格的计划性是课外语文学习的可靠保证。

课外活动举例：

（1）课外阅读，给大脑充电加油。课外阅读是最经常最重要的语文课外活动。语文教师都有这样的体会：大凡语文成绩好的学生一般都爱读课外书籍。许多成功的经验告诉我们：大量的阅读，是学生全方位获取语言信息，立体化发展语言能力的有效途径。

随着教育现代化事业的不断推进，学校均配备了一定规模的阅览室，有的还有电子阅览室，知识量的日益增大，给学生的课外阅读提供了十分有利的条件。教师应充分发挥各种有利因素，扩大渠道，开展各种阅读活动，使学生得法于课内，受益于课外，起到优势互补的作用。一是根据教学内容，穿插运用好语文补充阅读，二是组织学生到阅览室进行专题性阅读，三是鼓励学生根据自身情况，自由借阅，每周必读一本。

开展课外阅读，应注意以下几点：

①要有目的、有计划地安排读书活动。

②让学生学会选择读本，做到内容适宜，口味相符，有益身心。

③要教给学生阅读方法，如做好笔记等，培养学生认真读书的习惯。

④不断激励，持之以恒，养成自觉读书的良好习惯。

（2）兴趣活动，促进个性蓬勃发展。两千多年前，孔子就说过："知之者不如好之者，好之者不如乐之者"。这句话透彻地说明了兴趣的重要性。兴趣是人积极探索和认识事物的助力。当今社会是个创新的世界，要提高全民族的创新能力，就要培养每个人的创新能力。青少年某一方面的特长、才能，往往从兴趣开始，而稳定的兴趣又能使人形成能力。学习语文也是如此，学生对语文的兴趣一旦调动起来，将会更好地促进学生个性发展，加速语言能力的形成，大大地提高语言学习的成效。因此，语文教师要根据学生的兴趣爱好，引导并组织他们参加校内和班级的兴趣活动，如组织书法小组、朗诵小组、写作小组等，学生可根据自己的兴趣爱好自由结合，开展兴趣活动，学期末，各组展示成果，并且进行评比。对于能力较差的学生，教师要做贴心人，经常暗中提示指点，给他以"一鸣惊人"的机会，从而促使每一个学生的个性特长得到较好的发展。

（3）自办小报，使才能充分展示。现代科技的发展，要求一个人不仅能动脑，同时又能动手；不仅善于研究探索，又能勇于实践；不仅有知识创新，还要有技术创新、工艺方法的创新。语文课外活动中如何提高学生的语文素质，如何培养创新意识和动手能力，是我们语文教师值得研究的课题。自办小报是一个极好的途径。办好一张小报，要经历收集采编、设计排版、书写绘画等一系列复杂过程。这些过程的完成要靠学生做出许多努力，做多方面工作，这体现了个体的创意和操作水平，是学生综合能力的展示。教师可根据某一主题，让学生将课内外相关知识汇编成各种小报。

自编小报，也应该注意几个问题：

①主题选择要恰当精心。一是学生喜闻乐见，二是资料来源要广，便于学生采集信息。

②合理安排办报次数。一般说，一学期不超过4次（每季度一次）。

③体现兴趣性。不必要求每人非交不可，以免给学生带来心理负担。

④注意点评激励。使他们越办越爱，越办越好。

（4）开展竞赛，让欲望不断迸发。学生爱自我表现，具有较强的荣誉感。开展多种竞赛活动，能有效地调动学生的学习积极性，激发他们的创造和表现欲。在争相表现和争获荣誉的过程中，充分表现出创优的热情，创造的欲望也自然激发升腾。因此，教师可在语文课外活动中适当组织开展一些竞赛活动。如书法比赛、朗诵比赛、故事大王比赛、小报评比、作文竞赛、演讲比赛、红色歌曲比赛等。通过各种竞赛，激发他们学好语文的欲望，从而努力学习、不断进取。

　　除了以上四种，还有许多形式，如参观访问、"信息交流会"、排演课本剧……总之，多种形式的语文课外活动，有助于学生增加知识积累，得到智慧启迪，陶冶思想情操；有助于提高学生的语文素质，培养学生的创新意识和动手能力。

　　语文教学的各项原则组成是一个完整的体系。在教学实践中，它们各负其责又相互配合，从不同侧面指导着语文教学。教师只有全面、深刻地把握各项原则的本质、特征、要求，了解它们之间内在的逻辑关系，并能在教学过程中准确灵活地运用，方能收到理想的效果。

第四章 小学语文阅读教学生活化的策略与研究

第一节 小学语文阅读教学生活化的独特内涵

一、阅读与阅读教学的阐释

（一）阅读的阐释

《义务教育语文课程标准》对阅读所下的定义是"阅读是收集处理信息、认识世界、发展思维、获得审美体验的重要途径"。阅读是一个心理过程。在阅读过程中，读者对视觉输入的语言文字符号的信息进行解码，获取作者原想表达的信息。《中国大百科全书·教育卷》对阅读的解释是"阅读是一种从写的或印的书面语言中获取意义的心理过程，也是一种基本技能，这种技能是取得学业成功的先决条件，是由一系列的过程和行为构成的总和"。心理学认为，阅读是一种以语言符号为中介的认知活动，这种认知不是简单的"刺激—反应"式的被动反应，而是读者已有的认知图式对认知对象文本的主动的同化或顺应活动。不同的读者对同一读物所产生的心理过程阅读效应是不一样的，因为读者不同，其知识背景、生活环境、兴趣爱好、理解水平、价值取向也就不一样，所以对文本的认知就会产生很大的差异，正所谓"仁者见仁，智者见智"。因此，阅读是阅读主体对阅读客体文本，包括印刷文本和电子文本的主动的再创造过程，它要求读者对作品进行解释，自主建构作品的意义。说起阅读的意义，朱永新先生有一句话说得十分精彩："一个人的阅读史，就是他的精神发育史"。

（二）阅读教学的阐释

阅读教学是一种综合性语文教学活动。它以各种体式的典型文章作为教材，通过对学生进行阅读指导，使学生掌握阅读鉴赏技能，并开展阅读实践，从而培养学生的阅读能力。也就是教师在一定的阅读理论指导下，采取一定的措施和手段，引导学生阅读，达到理解文章、建构自我的阅读目的的活动。《义务教育语文课程标准》中提出，阅读教学是学生、教师、教科书编者、文本之间的多重对话，是思想碰撞和心灵交流的动态过程。所谓教学话语系统，是指一种强调通过师生之间平等、宽松的交流互动来达到学生自主合作和自由发展的话语体系。它是人格对等基础上的心灵相约，是相互信赖氛围中的精神交融，也是教学相长情境下的切磋探讨。阅读与阅读教学虽有着根本的区别，但又有着必然的联系。阅读是阅读教学之基，阅读教学是基于文本展开的对话，而对话的关键在于对文本的个性化解读。阅读教学是激发师生的心智，使个性化解读成为可能，并以对话的形式完成对文本的个性化解读。语文教学中的阅读，不再是单一的个体的独自的行为必须指向个体，但非个体独自行为，而是由学生、教师、教材编者、文本多方参与的对话。这种对话除了参与方的多重性以外，更是思想碰撞和心灵交流的动态过程。

二、生活对于阅读和阅读教学的意义

（一）生活与阅读

阅读是与生活有着密切联系的。早在两千多年前，我国古代教育家、思想家孔子就说过："不观高崖，何以知颠坠之患；不临深渊，何以知没溺之患；不观巨海，何以知风波之患"。孔子的话形象生动地阐明了阅读知识与生活实践之间的关系。朱熹提倡"切己体察"的读书方法，即要结合思想、经验、阅历、需要，去体验文献中的意味，知道"纸上得来终觉浅，绝知此事要躬行"的道理。美国教育家华特也指出："语文的外延与生活的外延相等"。

建构主义认为，学习是一个学习者自我认知建构的过程，知识不是被动地直接从外界输入到学习者的头脑中，它将知识的习得归结为学习者积极主动建构的结果，而且十分强调知识是学习者自我主观建构而成，每位学习者的建构过程与成果不尽相同。由此可见，学生应该学会在生活中收集各种有用的材料，观察、思考、感悟生活，为阅读积累必要的生活经验。教师要引导学生扎根在社会生活这个"天然教室"，让学生运用自己的生活经验理解课文，并运用课堂上所学的知识到生活中去实际应用。这有助于培养学生对阅读的兴趣，有助于学生对社会的认识。学生通过主动、积极、独立地学习阅读，会积极地面向世界、认识世界，创造个人的世界，发挥个人的潜能，提高能力和信心。这样有利于学生学会认知、学会做事、学会共同生活、学会发展、学会关心，使学生的个性、潜能得以充分发展，使学生的观念现代化。

文学家夏丏尊指出，有些人把读书认为是高尚的风雅事情，把书本当作好玩品、古董品，好像书这东西与实际生活无关，读书是实际生活以外的消遣工作。书只是求知识的工具之一，我们为了要生活，要使生活的技能充实，就得求知识。所谓知识，绝不是什么装饰品，只是用来应付生活、改进生活的技能。李霁野认为：要想培养读书的兴趣，非将态度根本改变了不可。读书不是要应付考试，不是要敷衍外来的要求，却是要满足内心的需要，充实自己的生活。换句话来说，读书必须是自己有机的一部分，必须和自己的生活经验熔为一炉。若是书和生活经验发生了亲切的关系，书便有了味道。若是生活经验从读书扩大推广，充实的机会就无限地增多了。书将人的生活方式和态度根本改变是常有的例子。反之，现实生活的经验越丰富，读书的欣赏和理解力也就越深厚，也就越能领略书中的真味。所以，读书与生活是相辅相成的，必须两者并进，才可以达到佳境。光读书而无生活，只尝得到间接的经验，和吃嚼过的饭差不多；光生活而不读书，势必空虚、狭隘。

（二）生活与阅读教学

教学就是教师与学生的特殊生活过程。新课程改革强调，教学是生活的内容，学习是学生生活的方式，生活是教学的源头，这足以说明阅读教学与生活是密不可分的。阅读教学中存在的生活逻辑如下。

1. 生活逻辑是认识过程在阅读教学中的反映

从哲学来看，人对客观事物从现象到规律的认识过程，必须遵循一定的逻辑机制，即"感性具体—抽象规定—思维具体"。感性具体生动直观，是逻辑程序的起点；抽象规定是指从感性具体中抽取出来的本质属性，是活生生的东西简单化、粗糙化；思维具体是在抽象规定的基础上通过思维在大脑中复制出来的理性具体，是逻辑程序的终点。

阅读教学过程也是认识过程，符合内在的逻辑方法和逻辑程序。生活逻辑的起点是大量的生活现象、生活素材，生活逻辑的抽象是从大量的个别素材中抽取出理论观点，运用理论观点到生活中去解释生活现象，而指导生活行为就是生活逻辑的归宿。因而，生活逻辑就是生活现象向理论观点过渡的方法或程序。

2. 生活三曲部是生活逻辑

从上述分析可知，生活逻辑可以视为组织阅读课教学的方法论。

第一，发现生活，坚持生活立意，保证逻辑起点。"问渠哪得清如许，为有源头活水来"，生活的本质规律不是浮现在表面的，但存在于生活现象之中，并要通过现象表现出来。所以，体现生活逻辑的阅读教学必须从现实生活入手，以生活现象为导向。发现生活就是要从自己的周围世界出发，从中发现真实可靠的感性素材，并将其作为课程资源引入课堂，而不能像以往那样脱离生活，用理论解释理论。

第二，理解生活，解剖理论逻辑，生成理论观点。新课改对过程与方法高度重视，把促进学生理解作为生活逻辑的一种价值追求。理解既是感知的深化，又是应用的基础。理解生活就是借助科学思维方法，通过对具体生活的抽象，抽取概括出理论观点的过程。其中，抽象是生活逻辑决胜的一步，是对素材的特征信息进行编码，形成便于思维操作的编码信息，借助大脑中枢的复杂再加工形成观念信息的过程。抽象是师生对具体事实进行提炼概括的成果，也是思维活动的逻辑方法。

第三，参与生活，还原生活本意，提升生活品质。"纸上得来终觉浅，绝知此事要躬行"，学以致用中的"用"应该有两种指向：一是为生活而用，指导生活行为；二是为理解而用，解释生活现象。两种指向的终极目标是一致的，即服务于人的生活，提升人的生活品质。所以，生成理论观点还不是生活逻辑的结束，为学理论而学理论不是目的，理论的生命力在于不断应用于生活，得到巩固和完善。从学生学习的角度来看，参与生活是为了提高学生运用所学知识解决生活中实际问题的能力。同时，也使这种知识在运用中加以巩固并实际转化为一种能力。参与生活，要还原生活本意，还原理论的生活意义，就是用理论观点去反观生活，实现从理论到生活的迁移运用。

三、生活化阅读教学的内涵

所谓生活化阅读教学，是指教师捕捉生活中的知识，挖掘阅读文本中的生活内涵，在教学中联系生活中的问题，适当进行变形处理，并采用生活化的教学形式和手段，达到阅读教学目标的一种教学理念。它是植根于学生的生活世界，关注学生的现实生活，引导学生不断超越现实生活，改善当下生存状态，提升生活质量为主旨的阅读教学状态。它的基本思想是以生活为中心，将抽象的形式化的阅读教学建立在学生生动丰富的生活背景上，引导学生通过探究、合作等学习方式理解阅读知识，通过掌握阅读知识体系、思维方法以及做人的道理，培养学生学以致用，以及创造性地解决生活中实际问题的能力。

它要求阅读教学应该具有开放性和生成性，将传统教学固定、静止、封闭的单纯认识场景变为一种充满生命意义的教学生活，而非单纯的教学程序。生活化阅读教学视学生为一个完整的生命体，课堂教学生活是学生生命的重要构成部分，它不仅重视理性、智能、技术在人和社会发展中的作用，而且重视对人的精神力量的培养。

生活化阅读教学贴近学生的现实生活，可以缩短学生与学习内容之间的距离，使之关注学习内容的意义和价值，调动他们内在的心理活动，激发他们的学习兴趣和情感，从而产生亲近感，增强学习的独立自主性。这种教学能使师生的课堂生活丰富，充盈学生的生活经历，丰富学生的情感体验，能为学生的可持续发展奠定良好的基础。

四、生活化阅读教学的特点和意义

（一）生活化阅读教学的特点

生活化阅读教学关注学生的直接经验，关注学生的现实生活，构建学生可能的生活，关注教学本身的过程。所以，它具有以下特点。

1. 开放性

其是指在生活化阅读教学中，打破了传统语文阅读教学的封闭性，促使学生最广泛地接受中华民族优秀文化的熏陶，接受人类崇高情感的熏陶，从而产生丰富多彩的学习体验和个性化的创造性表现。这种开放性主要表现在以下两个方面：一是在内容上打破传统阅读教学掌握基础知识和培养基本阅读能力的单一性，将文本涉及的生活现象作为教学内容。内容上的开放性，扩大了阅读领域，从而促使学生全方位地接收信息，处理信息和运用信息能力的形成，有效地提高了阅读教学质量。二是时空的开放性。生活化阅读教学围绕某一生活话题，展开多主体、多向度、多层次的阅读教学对话，如果与文本中的生活对话、与教师的生活对话、与伙伴的生活对话等，对话的内容追古涉今，甚至联系到其他学科材料，对话主体游移于文本、教师、学生之间，思想的碰撞时不时地发生，这样可以促使学生更全面、更准确、更有效地理解文本，甚至实现多学科之间的结合。

2. 主体性

其是指作为认识主体在处理外部世界关系时的一种功能表现。它一方面表现在对外部世界的选择上，主要受主体本人需求、动机和兴趣等因素的推动和支配，表现为能动的自觉性和选择性；另一方面表现在对外部信息的内部加工上，受主体本身原有的知识结构和先行经验等因素的制约，表现为自主性和创造性。自主性、主动性、创造性，是主体在功能上表现出的本质特征。

在传统教学观念中，文本是知识的汇聚。学生在文本面前只是一个被动的接受者，阅读文本的过程则是填充、矫正甚至取代自我的过程，忽视了学生的主观能动性、情感体验和主体作用。在生活化阅读教学中，师生之间建立了一种新的关系，教师不再作为知识的权威，将预先组织的知识体系传递给学生，而且要与学生共同探究阅读文本中的生活；学生不再作为知识的接受者，而是具有高度的自主性，是学习的主人，需要发挥自己的主观能动性，对语文阅读学习过程进行自我设计、自我控制，积极地带着自己的兴趣、需要和观点，直接与书本、与客观世界对话，探求语文世界和客观世界的规律。

3. 过程性

这是针对传统的"重结果、轻过程"的教学观念提出的，指在生活化阅读教学过程中，有效地促进学生对所学知识进行选择、判断、运用，从而有所发现、有所创造，进而实现各方面能力的提高。因此，教师在教学中应鼓励学生多问问文章所反映的事物是否符合客观实际，问作者的观点有什么依据，不仅要知道写了什么，怎样写的，更要追问为什么这样写，探寻有没有别样的写法等。在这一过程中，可以针对同一个问题分不同小组进行竞争性探讨，也可以将一个大问题分成几个小问题交由几个小组协同讨论，这样能有效地促进学生思维的发展和阅读教学质量的提高。这一结合生活的学习过程让学生更易理解接受词中意象蕴含的情感。

4. 创新性

培养人的创新意识和创新能力，是 21 世纪信息时代学校教育的一个核心问题。由于生活化阅读教学关注的是过程，并不是直逼结果，这就使每个发展水平有差异的学生都可通过生活化阅读来提高自己的创新意识和阅读能力。发展创新能力的关键是对信息的处理。在生活化阅读教学中，教师可以要求学生用与生活相联系的方法去阅读课文，去收集、分析和处理与课文相关的课文信息和生活信息，这样在增进学生的思考力和创造力的同时，还提高了学生的阅读能力和语文水平。也就是说，生活化阅读作为一种创造性阅读，以对阅读材料的确切理解为基础，通过收集资料、整理观点、分析研究，提出新问题、新观点，建立新思想。

5. 实用性

生活既然是为生存和发展而进行的活动，那么作为生活一部分的阅读教学，也必须立足学生的生存与发展需要。白居易认为："文章合为时而著，歌诗合为事而作"。这就意味着阅读教学必须摒弃脱离社会生活现实的教条式做法。在内容上，强调文本表达出的真情实感；在形式上，重视实用性阅读文体的训练，强调语言的实际运用。阅读是学生认识客观世界的窗口，可以通过这一窗口对生活、对人生有所感悟和思考。同时，根据"教育是一个过程"的理论，阅读教学本身也是一个生活的过程，在这一过程中，学生得到的也是一种现实的生活。生活化阅读教学强调在实践中培养阅读能力，以学生的现实生活和社会实践为基础，以课本为主要媒介，挖掘学习资源，即强调学生在阅读过程中的亲身经历，让学生在直接阅读课文的过程中，去获得感受、理解、欣赏、评价等阅读能力。

（二）生活化阅读教学的意义

1. 学科教学意义

生活化阅读教学首先是一种教学理念的革新，丰富和发展了语文教学的新思想，拓宽了阅读教学的思路和内容。它比传统的接受性学习更注重对文本信息的收集和内化，更注意对语感能力的培养和积淀，更强调对人文思想内涵的理解和把握，真正落实了新课程标准规定的"积累、熏陶和感悟"的语文教育思想。

由于生活化阅读教学注重相关篇目在某些环节和内容上构成的内在有机联系，所以易于学生深入理解和探讨，便于学生掌握书本知识，形成了严密的知识体系。另外，由于在向课外延伸时给学生划定了阅读和学习的轨道，避免了学生的漫无目的的自由阅读状态，因此，既拓宽了语文学习的空间和环境，又改变了以往语文学习过于狭窄僵化和散漫无序的局面。这种灵活多样、开放自由的新型课堂结构，使语文学习的天地变得更为广阔，形成了良好的大语文学习氛围。

2. 阅读主体发展意义

章庆炳先生认为，语文教学观念必须从"人的建设"的高度来定位。生活化阅读教学的着眼点就是通过对学生学习方式和教师教学方式的改变，从根本上促进学生的主体发展，并且要克服传统教学所导致的残缺化、片面化、贫弱化，使学生走向全面化、完整化和丰富化。也就是说，要通过语文教学挖掘学生的潜能，把学生潜在的感悟和理性都挖掘出来、发挥出来，而不是用刻板的教学模式死死地束缚着学生的潜在能力。生活化阅读教学在促进学生的主体发展上具有以下三个方面的作用。

一是激发创新意识。生活化阅读教学通过引导学生对文本中的生活素材进行深入探究，使其形成浓厚的问题意识，引燃学生思想的火花，并通过讨论等交流方式，引导学生去和相关的课内外文章相联系，进而培养学生的阅读兴趣，使得学生在这种兴趣刺激下自觉地去寻求语文学习的新路子，激发潜藏在学生身上的创新意识，有了这种创新意识，学生对文本内容的认识与发掘才会更加深入，才会使学生产生更加浓厚的阅读兴趣，并形成良性循环，使这种阅读教学呈现可持续发展状态。

二是形成良好的阅读和思维习惯。叶圣陶曾说过："每一个学习国文的人应该清楚得到阅读和写作的知识，从而养成阅读和写作的习惯，这就是学习国文的目标"。生活化阅读教学把课文作为基本的研讨对象，但又不局限于课本，而是以课文作为基础向外拓展，使学生最大限度地获取知识，开阔视野。在阅读过程中，无论是酝酿和提出问题，还是筛选和分析有关信息，都需要学生主动、积极地去探究、去思考、去把握。这有利于学生形成良好的思维习惯和思维品质。思维的发展，无疑是学生主体发展非常重要的个性品质。

三是促进学生多种语文能力的提高。由于在生活中需要表达和交流，这就锻炼了学生通过倾听来接收信息的能力，以及口头表达的能力；有时要形成报告或论文，这就锻炼了学生谋篇布局的写作能力；至于广泛涉猎，搜集信息资料，则锻炼了学生快速阅读的能力以及对信息选择、甄别、归类、推理等能力。这样，即有对传统听、说、读、写语文能力的提高，又有对分析、归纳、思辨等现代语文能力的训练。

第二节 生活世界下的小学语文阅读教学探析

一、生活世界及相关概念界定

（一）生活世界的概念

关于"生活世界"概念的界定，不同的人基于不同的角度，进行了解解读。无论是哈贝马斯的基于交往互动的解读，还是海德格尔基于存在论的解读，都是对胡塞尔生活世界理论的再次解读。因此，只有从其创始人胡塞尔角度，才能真正把握究竟何为生活世界。胡塞尔在《危机》中不止一次提出，生活世界不是一个孤立的单元的世界，而是我们共同建构的，我们从内部而不是外部来识别，是对过去经验的整体的批判。世界的意义和世界存有的认定是在这种生活中自我形成的。

胡塞尔的生活世界是个多维度的世界，它既包含着日常生活世界、职业生活世界、科学生活世界，又包含意向对象共同构建的超越生活的意义世界。

综上所述，基于胡塞尔的理念认为，首先，生活世界不是单纯的具体的世界，而是一个多维度、多层次的多个世界概念，它既包括日常的生活世界，也包括超越生活的精神世界，它既有科学世界的含义，又有着意向对象之间的文化世界；其次，生活世界的对象具有主体间性；最后，生活世界是可建构的精神世界。生活世界的构建内容可以从"他我、体验、爱的共同体"来把握；构建方法主要是悬置、还原。

（二）相关概念界定

1. 悬置

悬置是悬搁、节制的意思，指平常认为自然不过地看事物的态度，即一种有成见的有固定概念框架、现成物，一种存在的设定之物，排除在外。胡塞尔把悬置称为"中止判断""加括号"，基本意思是把有两种以上可能性而难以做出判断的东西放在一边不论，如实地反映事物的现实。换句话说，悬置作为现象学的方法之一，就是希望当人们在看待一件事物的时候，为了更好地了解该事物的本质和内涵，把附加于该事物的观点和解读放在一边暂时不看，回到事物本身来看。在小学语文阅读教学中，悬置的是阅读教学历史的观点，即工具性作用和功能性学习；通过悬置这两点来凸显小学语文阅读教学应有的价值取向，如育人价值、生命价值、精神价值等。

2. 还原

还原分为本质的还原和先验的还原。本质的还原是指把纯粹的现象和非纯粹的现象、一般的现象和具体的现象区分开来的过程。前者指原初直接被给予的现象；后者指反省后的意识改造过的现象。这里，关于小学语文阅读教学的还原应该是指回到语文阅读教学的最初状态进行本质的还原，从小学语文阅读教学的目标、内容、过程方面进行还原。

3. 他我

胡塞尔对"他我"有着自己的界定：它意味着对于本我而言的他人，对于本己的个体单子而言的其他陌生单子。换句话说，他我就是与本我或自我相对而言的平行概念，即对他人的感知或对他人的陌生经验。

4. 爱的共同体

胡塞尔提出的生活世界强调主体的构造，在生活世界中，主体会构造出与主体有关的世界视域，并且世界的意义和世界存有的认定在这种生活中自我形成。在此过程中，由"我"变成"我们"，这个"我们"则是世界意义的共同承载者，即共同体。而在胡塞尔看来，最高意义的共同体则是爱的共同体。爱的共同体是主体对象构建生活世界过程中最终的形式，爱的共同体中，"自我"和"他我"达到更高形式上的统一。

二、生活世界观与小学语文阅读教学的内在契合点

（一）两者都有其内在的教育性

胡塞尔提出的生活世界和小学语文阅读教学都有其内在的教学性。生活世界理论

的教育性体现在其自身蕴含的教学意义上,即推动教学主体和谐发展,促进教学过程有序完成,促进教学回归本真状态。换句话说,生活世界观作为哲学理论,有内在教育性,并且可以指导教育教学工作。小学语文阅读教学是教育教学的一部分,同样有自身的教育性。《义务教育语文课程标准》中明确指出,在小学语文阅读教学中强调培养孩子的基本语用知识,培养孩子的语言表达能力和阅读能力。既然生活世界观的教学意义在某一方面可以指导教育教学工作,那同样适用于小学语文阅读教学。可以说,生活世界观的内在教育性与小学语文阅读教学的内在教育性在某种程度上具有共性,可以作为理论基础来指导小学语文阅读教学实践工作。

(二)两者皆强调对象的建构性

胡塞尔提出的生活世界观强调一种构造,指出对象间在交互过程中处于一个建构的过程,在此过程中,对象与对象相互影响、彼此理解,形成各种不同意义的共同体,最后建构起彼此共同的有意义的生活世界。而小学语文阅读教学过程中同样强调师生间的建构过程,知识学习和获取不是教师直接灌输给学生,学生被动盲目地接受,而是学生在教师的指导下,通过努力学习、吸取教训,逐渐建构起属于自己的知识体系。因此,无论是生活世界理论,还是小学语文阅读教学,其实都强调对象的建构性,但是两者之间强调的建构性又有其自身的特点。

(三)两者都关注过程的体验性

胡塞尔提出的生活世界不是简单地指人们的日常生活,还指人们的周围生活世界。体验不是只存在于日常生活中,而是存在于一切可能形成的生活世界中,可以是文化世界、科学世界,也可以是精神世界。因此,在生活世界理论中,关注体验是其主要内容之一。无论是在对象间的交互过程中,还是在对象间共同意义世界的建构过程中,都需要关注到对象的内在体验这一活动,体验贯穿整个生活世界的建构过程中。而小学语文阅读教学同样要求教师关注教学过程中学生的体验,要求学生在学习过程中形成自己的内心感受,能够表达自己的内心世界。在这一部分内容中,生活世界观和小学语文阅读教学有着一致性。可以说,生活世界观和小学语文阅读教学一样需要关注整个过程中对象的内在体验,并在此基础上丰富对象的内心世界。正因为生活世界理念与小学语文阅读教学有着内在契合性,所以基于该理论探析现阶段的小学语文阅读教学的某种新的可能性有其合理性,是进行生活世界观下的小学语文阅读教学理论构建的基本前提。

三、生活世界观下的小学语文阅读教学理论探析

（一）目标：小学语文阅读教学的价值取向

生活世界观是胡塞尔所提出的现象学下的观点，可以说，生活世界观遵循并且补充着胡塞尔所提出的现象学的观点。

1. 阅读教学理念：回归生活世界，丰富内心体验

胡塞尔的生活世界观的口号是回到事物的本身。生活世界观指导下的阅读教学如何回归，回归到哪里，这是开展生活世界观下的阅读教学首要思考的问题。马克思曾经说："回归生活世界实际是向人的现实或现实的人的回归，是一种思维方式的变化，是人的观念的根本变化"。

因此，在"悬置"的方法指导下，对于广大教师而言，首要做的就是阅读教学观念的革新，把老旧的、不合时宜的、难以做出判断的教学观念进行"加括号"，如实地反映事物的现实；对于学生而言，只有把一切知识的、观念的东西纳入人的生成过程之中，关注他们的生活世界，才能做到对人的生活的真正回归。外国学者奥尔指出，胡塞尔的生活世界所指的"生活"是指一切可能的生活。

既然胡塞尔提出的生活世界包括日常生活世界，以及人与人之间的交互活动中，双方共同构建的精神世界、文化世界等，那么阅读教学回归生活世界，不是简单的日常生活与阅读文本的1+1=2，而是1+1=X，这里的X指的是阅读教学回归生活所产生的结果是具有多重意义和可能性的。生活世界理论强调对象的独立性，在其指导下的阅读教学理念也强调人的独特性，这与叶澜教授提出的"要把个体精神生命发展的主动权还给学生"有着一致性，都认同"以人为中心"这一教学观点，强调关注学生的内心体验，让学生主动地去享受学习这一过程，在阅读学习中学生的内心世界得以成长，并且于其中丰富他们的内心体验。

2. 阅读教学目标：注重动态生成，凸显价值取向

生活世界注重对象间的独特性，也强调在生活世界中对象的动态生成。新课程理念指出，师生共同成长、共同进步是课堂教学的真正目的。因此，如何体现教学主体的发展性、生成性，如何体现教学课堂的活力，实现师生的生命成长，是小学语文阅读教学的重要内容之一。正如叶澜教授提出，要从生命的高度用动态生成的观点看课堂教学。因此，小学语文阅读课堂应是教师和学生不断进步、生成的动态过程。生活世界观下的阅读教学目标要求从知识与能力、过程与方法、情感态度与价值观三个维

度出发，而且三个目标应该是相互影响的，而不是割离的，所以教师要把握住文本的核心内容，在教学中把三个目标相互交汇、相互融合，实现教学目标的引领作用。因此，教师可基于"悬置"的方法，把有成见的、有固定概念框架的事物悬搁在一边，如实反映阅读教学的现实，以此凸显小学语文阅读教学目标应有的价值取向，如育人价值、生命价值、精神价值等。

（1）育人价值

阅读教育具有丰富的育人价值，这是毋庸置疑的。比如，语文基础知识、基本阅读能力，还有我们常说的德育渗透等。然而，在实际教学中，受应试教育的影响，我们往往不是从阅读教育的育人价值出发来研究阅读教学问题，而是从考试"指挥棒"出发来研究教学。语文教育是学习其他课程的基础，所以小学语文阅读教学更应该发挥其育人的价值，让那些经典的文学作品、优秀的课文成为育人的养料，帮助学生分辨人性的善恶，树立正确的价值观。因此，育人价值是阅读教育的基本价值之一。尽管现阶段教学目标提出了三个维度，即知识与能力、过程与方法、情感态度与价值观，但在多数阅读教学中，前两者得以充分的贯彻实施，而最后的情感态度与价值观往往所占比例甚小，要想发挥阅读教育的育人价值，就需要正视这一现状。

（2）生命价值

从本质上来说，语文教育是对人的教育，因此阅读教学的一切活动也应该围绕着"人的发展"来进行。日本著名教育家小原国芳说过："国语不是训诂之学，而是活思想问题，是川流不息的生命"。人的独特性在于人的一生是不断成长的，在小学语文阅读教学中，是师生作为独立的生命个体不断成长、完善自己生命的过程。因此，阅读教学的生命价值就在于结合文本内容，用充满生命气息的语言去唤醒学生的自我感悟，让学生去感受古今文人大家的生命气度，去体验文字背后的生命情怀，从而实现人的生命意义。

（3）精神价值

精神价值是德国舍勒根据基本的价值性质而划分的四种价值中的较高级的价值。其可以区分出美与丑的美学价值，正确与错误的价值，以及以其自身为目的的纯粹知识的价值。

要想在阅读教学中体现精神价值，则需要关注到教学过程中的两个主体。而阅读教学中的精神价值则主要体现在以下两个方面：一是与个体自我意识相联系，强调尊重人的生命本身，尊重和爱护他人；二是与同类意识相联系，强调作为人类的一员的光荣与责任，强调自由、平等、宽容。要想实现阅读教育中的精神价值，既需要教师和学生关注到自身的自我精神意志，又需要教师以其自身的生活世界结合文本在教学过程中无声地引导，引起学生对自身、对他人的思考，丰富学生的精神价值观。

（二）内容：小学语文阅读教学回归生活世界

小学语文阅读教学的生活观不应仅在于"生活"，而是生活世界里两个世界的结合认知。既然小学语文教育的本质追求是通过知识的学习，每个主体能创造性地建构内心意义世界，体验语文原初最为纳粹的世界，那怎么去建构，又怎样去还原？

1. 阅读教学内容：强调阅读内容的生活体验

胡塞尔提出的生活世界是基于对科学世界的批判而形成的，事实上，他并没有完全否认科学世界。他认为："生活世界与科学密切相关。科学是从前科学的生活世界中发展起来的。"可以说，科学世界与生活世界是彼此联系的。因此，在阅读教学中，既不能一味地否认科学知识的作用，也不能片面强调个体的生活体验。要想在小学语文阅读教学中既达成阅读教育的工具性作用，又能实现阅读教学的育人价值、生命价值和精神价值，就需要教师关注学生的生活世界。关注学生的生活世界，则可以从阅读材料的选择、阅读主体的生活体验和阅读内容等方面来把握。

（1）阅读主体的生活体验

《义务教育语文课程标准》中提出，要关注学生的主体性，强调学生的独特体验和感受；不管是在课程目标上还是在实施建议上，都明确提出注重学生的主观体验和表达。"体验"一词在胡塞尔的现象学中被赋予了不同的意义："像感知、想象意识、图像意识、概念思维的行为、猜测与怀疑、快乐与痛苦、愿望与要求，如此等等，只有他们在我们的意识中发生，便都是体验或意识内容"。

在小学语文教育中，体验是学生个人的体验，是学生个体去经历、去思考、去怀疑、去感悟，并在此过程中得到个人的独特而唯一的观点和感受。这里所说的体验，是个人的、自我的。一篇作品，是作者的体验，是作者本人的经历和感受，在教师的解读下，学生明白了作者的思乡之情，可是那只是作者的体验，并不是学生自己的体验。小学语文教学中的体验不是只体验作者的情感，而需要面向学生个体的生活世界，最终得到一种自我的体验。要想得到自我的体验，就需要注重学生个体的生活体验，需面向生活、观察生活与学生的内心世界进行沟通。在有了语感的前提下，让他们善于把自己的生活经历中的体验表达出来。

（2）阅读材料的生活化

新课标明确指出："教材应符合学生的身心发展特点，紧密联系学生的经验世界和想象世界。"阅读教学要想回归生活世界，需要对阅读材料进行一定的筛选；阅读材料需要被学生体验，以引起学生的共鸣。在小学语文阅读教学过程中，阅读材料大多是教材书，学者、专家们根据小学生的身心发展特点、认知能力，选择的文本多是富有生活气息的。生活化的阅读材料不仅仅是教材文本，还可以是教师选择的拓展材料；生活化的阅读材料不仅仅是写景文，还可以是记叙文；生活化的阅读材料是可以被学生体验的、被学生感悟的，是和师生生活世界相联系的。

（3）阅读内容的课外延伸

《基础教育课程改革纲要（实行）》中明确提出，要改变课程内容"难、繁、偏、旧"和过于注重书本知识的现状，加强课程内容与学生生活以及现代社会和科技发展的联系，关注学生的学习兴趣和经验，就精选终身学习必备的基础知识和技能。通过观察课本可以发现，课本上的课文很少，所以需要教师把阅读内容延伸到课外，拓展更多的相关阅读材料。

2. 阅读教学过程：构建不同形式的共同体

阅读教学作为小学语文教育的核心内容，主要通过阅读教学过程来开展。阅读教学过程是教师引导学生学习知识和技能的双边活动过程。可以说，阅读教学过程是对阅读教学理念和教学目标贯彻实施的过程。在生活世界观下的阅读教学过程应该如何去体现上述的教学理念和教学目标是探讨的主要内容之一。

胡塞尔提出的生活世界观强调人的唯一性和独特性，又重视人与人之间的交互性。他认为，对象之间既是独立的个体，有着自身的生活世界、精神世界，又处于一个彼此可构建的生活世界之中，在这一建构的过程中，由"我"变成"我们"，这个"我们"则是世界意义的共同承载者，即共同体。在胡塞尔看来，对象与对象之间在生活世界中有着不同形式的共同体。因此，在生活世界观下的阅读教学过程就需要关注到人与人之间的交互过程，构建起人与人之间不同形式的共同体。生活世界观下的阅读教学过程应做到以下方面：彰显人文精神，构建师生、生生之间的精神共同体；重视交互体验，构建师生、生生间的交流共同体；体现生命的色彩，构建人与人之间的生命共同体。

（1）彰显人文精神，构建师生、生生之间的精神共同体

所谓人文精神，就是以人的全面发展为最高的价值追求，是一种既珍视人的个性又关注全面发展的精神。小学语文阅读教学是一个师生、生生共同参与的多边教学活动，每个人都是独立的个体，而阅读教育的对象是人，就需要尊重教师和学生作为人的独特性，体现教育的人文精神。在阅读教学中具有大量具体形象的、带有个人情感和主观色彩的内容。每个人因其人生阅历、生活背景、认知水平不同，对同一篇文本有着不同的理解，因此，在彰显阅读教学的人文精神时，首先就要尊重学生个体存在的价值。当人文性都渗透于整个阅读教学过程中的方方面面后，师生间彼此尊重，生

生间彼此信赖;事实上,在这样一个师生、生生共同参与的教学活动中,逐渐形成了人与人之间的精神共同体。

(2)重视交互体验,构建师生、生生之间的交流共同体

哈贝马斯对胡塞尔提出的交互主体性进行了探索。哈贝马斯提出的"交互主体的构造"是指各个先验主体的共同体在其共同的客观世界中的构造。在阅读教学过程的角度下,将"交互主体的构造"简单看成教师与学生在其共同的阅读教学过程、教学场所里的关系构造。在小学语文生活世界里,每个个体都是不一样的,小学生更是有着极其丰富的想象力、感受力,体验着不同的纯粹的语文生活世界。另外,胡塞尔认为:"我们并没有和所有人共享同一个生活世界,并不是世界上的所有人和我们一样拥有那构成我们的生活世界的一切对象。"因此,在生活世界观引导下的阅读教学过程要关注阅读主体间的交互性,给予更多的交流机会,让学生与学生、学生与教师平等和谐地对话,让彼此之间更能够理解对方、倾听对方,从而构造起彼此之间的交流共同体。

(3)体现生命色彩,形成师生、生生之间的生命共同体

胡塞尔提出的生活世界观有着生命性,可以说,生活世界的目标之一是实现人的生命意义,其更加中心的意义在于人与人之间的意义世界的建构。要想体现阅读教学过程中的生命色彩,需要重视学生的自主思考和生活体悟,引导学生充满热情地、独立地进行阅读。在小学语文阅读教学中,教师要尊重阅读生活的生命性,体会阅读文本传达的生命感悟。生活世界观下的阅读教学过程体现了生命个体的自由和独特性,其宗旨在于捍卫生命的尊严,激发生命的潜能,提升生命的品质,实现生命的价值。因此,在阅读过程中,教师要让学生既满足自我内心的需求,又能去关注他人生命、尊重生命、珍爱生命、欣赏生命和敬畏生命。当师生在阅读教学过程中体会到了阅读教育的生命意义,学会尊重自己的生命,尊重别人的生命,明白了生命之于你我的意义,这个时候就形成了彼此间的生命共同体。

(三)反思:小学语文阅读教学的达成

所谓反思,在胡塞尔的理解中,现象学分析本身就是在反思下进行的,反思最大的一个特点就是反思本身就是一种意识行为,它又可以作为意识行为,进而成为一个新的反思,并无限期地进行下去。用通俗一点的话说就是,任何一个思考、任何一个后思都是反思。反思小学语文阅读教学,是对小学语文阅读教学本身存在的一种思考,或是再思考。可以说,这样的反思不是一次性的,而是反思后再反思,循环重复着。可见,反思是一个在思考中总结经验教训,获得不断改进和进步的过程。反思小学语文阅读教学的达成,就是从教学主体、教学方式、教学过程层面进行再思考。

1. 教学主体层面:"他我"(由他人所反映出的自我)意识主体关系的达成度

在小学语文阅读教学中,学生所缺乏的正是对他人的感知和陌生经验的体会。教师在教学的时候往往带着自己的体会和理解来阅读课文,而这对于没有丰富经验的小学生而言,往往很难理解文章的内容和隐含意义。

缺乏"他我"意识的主体,在活动中以旁观者的身份存在。当学生以旁观者的身份处于教学活动中时,他所关注的是自身的意识,对于周围他人的意识处于无兴趣的状态下。在这样无"他我"意识的教学活动中,师生对象间的周围世界是无法建立联结的。在小学语文阅读教学中,则是与生活世界相背离,教学主体间无法建立起真正的意义世界。因此,在阅读教学中培养"他我"意识是有必要的。"他我"意识作为意识层面的内容,贯穿整个阅读教学过程。要想知道生活世界观下的"他我"意识的主体关系的达成度,则需要在整个教学完成后,从以下两点去进行教学反思:

(1)是否存在彼此尊重的生生互动关系

在阅读教学活动中,作为活动主体的学生是影响阅读教学活动能否顺利开展的主要因素之一。新课程要求教育要以人为本,而每个学生都是独一无二的存在,各自处于不同的周围生活世界中,有着不同的教育背景、不同的家庭环境、不同的生活体验。可是,当学生来到教室进行阅读学习时,又处于同一个生活场域。基于这样的背景,如何让学生彼此理解、彼此尊重也成为阅读教学活动中需要关注的重点内容。培养彼此尊重的生生互动关系指的就是在培养"他我"意识的阅读活动中,让每个学生学会换位思考,让学生与学生之间学会尊重对方、学会交流,尝试分享自己的体会,敢于把自己的想法表达出来。在彼此尊重的生生互动关系中,不是以旁观者的身份存在,而都是课堂真正的参与者。

(2)是否形成主体间性的师生关系

"主体间性"一词最早可以追溯到胡塞尔提出的交互主体性理念中。主体间性与我们大多数人所认知的"对话、交往、平等"是不同的,主体间性理论中的关键词是同感、共识、爱的共同体,也并非等同于民主平等的"你—我"主体间的关系。另外,胡塞尔曾指出:"我所经验的对象是否也被他人经验到,只能经由我和他人之间的交往予以确认。因此,对象的客观性及其作为对象被不同主体所经验这一现象,也只有在我们认识到主体间交往所起作用的时候才能予以解释。"

在这里可以看作教师经验的对象是学生,学生具有客观性,可以被不同的主体经验,但是只有当学生这一客观对象被教师这一主体经验的时候,师生关系才得以形成。同理,学生作为主体经验的对象是教师,教师作为客观存在,有各自的生活角色,可以被不同的人经验,但当学生经验教师的时候,主体间性的师生关系才得以形成。

2. 教学过程层面：情感体验与爱的共同体的达成度

阅读教学既然是一个动态的生成过程，师生在这一教学活动中不断地成长，那么就不可避免地出现了很多问题和矛盾。而阅读教学的理念、价值观以及教学过程有利于帮助教学主体意识到问题的出现，找到不足之处，提出解决方案。基于生活世界观对小学语文阅读教学的理念、价值取向、教学内容等进行解读，教师在生活世界观下的小学语文阅读教学中进行教学反思的时候，就可以从整个教学过程来反思情感体验与爱的共同体的达成度。

（1）是否拥有情感体验

在舍勒的情感现象学理论中将情感解释为："不仅仅指人的喜怒哀乐，而是泛指人的一切感官的、机体的、心理的以及精神的感受。"《义务教育语文课程标准》也提出，要培养学生热爱祖国语言文字的情感，使其热爱集体、热爱生活。情感与体验彼此有着联系，情感是个人主观体验，体验是情感获得的途径；在面向生活的体验后，还需要个体自我情感的升华。投入生活的小学语文情感是学生个体作为人的情感内容和生命的凸显。语文教育不仅仅局限于日常的生活世界，还需要真正地还原到最纯粹的语文意义生活世界中，唤醒学生的情感体验。

（2）是否构成爱的共同体

爱的共同体是主体对象在构建生活世界过程中的最终形式。在爱的共同体中，"自我"和"他我"达到更高形式上的统一，如师生双方对生活世界的构建。爱的共同体的构建需要意向对象之间的主动性，发挥师生的主体间性。在小学语文阅读教学中反思爱的共同体是否形成，需要回到阅读教学过程中来看，在阅读教学过程中反思师生以及生生间不同形式的共同体是否形成，即思考教师与学生在彼此认同理解下是否形成精神共同体，在交流对话中是否形成交流共同体，在体验与成长中是否形成生命共同体。当这些不同形式的共同体得以形成时，就是最高意义的爱的共同体在逐渐形成。换句话说，就是师生间的共同生活世界得以形成。

3. 教学方式层面：合作探究学习与课堂参与的达成度

既然生活世界观下的阅读内容需要理清科学世界的关系，关注个体的生活世界，小学语文阅读教学过程需要彰显人文精神、重视交互体验，那么阅读教学方式就必须要能提供这样的环境。在传统的讲授法中，始终是处于一个教师教、学生听的状态；教师站在高高的讲台上，学生坐在座位上，以点对面的形式进行教学，使得学生的主体地位始终得不到体现。其营造出来的教学氛围同样处于一种不平等的状态下，学生被要求端坐在教室，眼睛看黑板，耳朵听讲解，学生与学生之间没有交流互动。要关注教学过程中的交互体验，就要改变这样的教学方式，反思合作探究学习与课堂参与的达成度。

（1）是否采取合作探究学习的教学方式

在合作探究学习中，首先要以小组为单位进行排座，在需要看黑板的时候学生转动椅子，听教师的指导；在更多的时候，其实是创造一种点对点、人对人的学习环境。在进行探究学习的过程中，就涉及小组任务分工、小组意见讨论。这一过程事实上就是学生在学习中参与课堂活动，开始向他人表达自我，并尝试去理解他人，逐渐形成"他我"意识。当小组默契达到一定程度时，小组会迅速有效地在教师的指导下完成学习任务，并且此时小组成员间开始处于彼此间共同构建的生活世界中。

（2）是否提高课堂参与度

合作探究的学习方式最大的优势就是提高课堂参与度。在进行反思的时候，教师要做到以下三点：一是反思小学语文阅读教学中学生的课堂参与度是否得到提高，生生之间的交流讨论是否按质按量地达成；二是反思教师是否提供丰富的课堂互动，营造良好的互动氛围；三是反思师生是否有进行良好的互动，教师与学生是否都参与到课堂教学中。只有在丰富和谐的互动活动中，提高学生的课堂参与度，才能真正地实现学生的主体地位，体现阅读教学的交互性和主体的情感体验。

第三节 董旭午生活化语文阅读教学的研究

一、董旭午生活化语文的内涵

1993年9月，董旭午开始了对生活化语文的探索和研究。他认为，生活化就是把语文学习与生活相对接的实践活动过程，包括课堂阅读与课外实践两个领域。课堂阅读领域的生活化教学主要是指教师凭借教师生活充分引导和调动学生的生活经验，带领学生走进作者生活和课文生活，并联系读者生活与生活情理去体验、感受、思考，感悟文章所表达的内涵和作者写作的意图及方法。课外实践领域的生活化是指在课内实践的基础上，教师引导学生从课内到课外学会用眼睛观察语文、用嘴巴表达语文、用耳朵聆听语文、用心灵感受语文、用笔杆历练语文的过程。

所谓生活化语文，就是把语文教学中的听、说、读、写等活动生活化，从而使学生养成语文学习的良好习惯，从而培养学生的创新精神和实践能力，进而提升语文素养。生活化语文包括三个部分：课堂阅读生活化、说写历练生活化、语文积累生活化。

生活化语文教学是一种以"语文源于生活""语文的外延与生活相等"等教学理念为理论基础，以培养学生的创新精神和实践能力，提升学生的语文素养为目的，通过将语文教学与学生生活、作者生活、课文生活等生活实践相联系的语文教学活动。

生活化课堂阅读是实现语文生活化教学的基础。在语文生活化教学中，课堂阅读有四重含义：一是指导学生通过对课文的阅读去理解课文中的生活；二是教师启发学生对课文中的生活展开联想和想象，进一步感悟生活中的课文；三是让学生在课文和生活之间进行反复地联系，感悟生活处处有语文，形成生活化的思维方式；四是教师要帮助学生建立语文生活化阅读的训练体系，长期坚持生活化的思维方式。为此，董旭午在课堂阅读生活化中提出了教读策略生活化。其主要有以下六个方面的含义：

（一）生活化的导语设计

导语设计，即进行新课文教学时教师所说的具有引导、激发学生学习兴趣的话。董旭午十分重视课堂教学导语的设计，认为成功的导语可以激发学生学习的兴趣，让学生迅速进入课堂学习过程中，同时能激发学生进行课堂学习和探索的主动性。因此，他倡导生活化的导语设计，即设计课堂教学的导入语时要与学生的生活经验相联系，要根据课文内容生活、作者生活、文章的背景时代生活等因素来设计，这样学生才能更好、更快地进入学习过程中。

（二）与作者生活相对接

所谓作者生活，就是指作者的生活境况、生活经历和遭遇、内心世界和情感以及写作意图等主客观因素。董旭午认为，一首诗、一篇散文、一篇小说乃至长篇文学作品，都与作者的生活有着十分密切的关系，甚至可以说是作者生活的形象表达。

有些作品，由于作者的生活（包括社会背景）比较复杂，其隐藏在作品中的思想感情学生往往不易理解和把握，所以更需要教师引导学生深入了解和理解作者当时写作的环境和生活背景，如此才能使学生真正理解文章的内涵。而这样的文章随着学生年级的升高越来越多。

（三）与学生生活相对接

学生生活，顾名思义，就是学生的生活经历和生活积累。董旭午在教授韩少功的《我心归去》一文时，认为文章里的"你拿起电话不知道要打向哪里""你拿着门钥匙不知道出门后要去向何方"等语句是细腻的心理描写。要理解作者为什么要这么细腻地描写，仅仅与作者生活和写作背景相联系是不行的，教师还要引导学生联系自己的生活经验和生活积累。例如，教师可以引导学生回想自己孤独寂寞、空虚无聊时的心情、心理感受和当时的行为。只有这样，学生在理解自己空虚无聊时的行为后就会深入理解作者当时的感受，并且理解作者用语言表达自己感受的强调点。

（四）与课文生活相对接

董旭午认为，课文生活就是指课文中所包含的生活，主要包括课文的主旨思想、情节发展、意境生活等方面。课文生活往往是作者内心情感的寄托和反映。他强调在学习课文时要与课文生活相对接，深刻地挖掘和探究课文中的主旨思想和作者选词用句、谋篇布局的用意，以及作者写作技巧、表达方式等方面的缘由。只有与课文中的这些生活相对接，才能更好地理解课文的主旨思想和文章写作与表达的高超艺术美。

（五）与读者生活相对接

读者生活主要是指写作者对读者的心理倾向和喜好的把握。董旭午认为，好的作家心里总是时刻装着读者，会想方设法地让读者喜欢自己的作品，让自己的作品具有吸引力。课本中有许多课文体现了与读者生活的对接。例如，《我的叔叔于勒》为了吸引读者阅读，先设悬疑，从我们一家人天天盼望叔叔于勒发财回家写起；又如《项链》结尾处才告知读者项链是假的，不只是想更有力地嘲讽女主人公的虚荣，也是在巧妙地激发读者或痛快，或悲哀的心理。因此，董旭午强调，在教读课文时，教师要引导学生从读者的身份和角度去品味作者写作的技巧，体验、感受课文的艺术美。

（六）与生活情理相对接

在语文教学中，尤其是在诗词教学中，我们经常会遇到一些以物来比喻或象征人品质、品格的词语。例如，梅花象征诗人高洁孤傲和坚韧不屈的品质，黄昏、风雨象征恶劣的政治斗争环境，而菊花是隐者的象征等。董旭午认为，这些象征之所以会读起来那么地自然和贴切，主要是生活情理的缘故。陆游曾说："文章本天成，妙手偶得之"，诗句中的"天"大概与董老师讲的生活情理是一回事。在文学创作领域内，各种艺术手法的运用，我们几乎都可以找到情理依据。因此，董旭午强调，在语文课堂教学中，教师要启发、引导学生联系自己的生活经验和生活积累，并与生活情理深度联系，这样才有利于学生更好地欣赏文章的自然美。

二、董旭午生活化语文阅读教学的理性思考

（一）董旭午生活化语文阅读教学的合理性

董旭午提倡的生活化语文要求语文阅读要与生活相联系，语文教学不能只停留于课本。在语文生活化阅读教学中，董老师注重将作者生活、学生生活、课文生活等引入课堂教学中，这样的教学不仅符合语文学科的性质，还反应了语文教学与生活的关系，更体现了语文课程标准的要求，具有一定的合理性。

1.董旭午生活化语文阅读教学体现了语文学科的性质

语文学科的性质是一个一直争论的问题。21世纪之初的课程改革对语文学科的性质明确规定为："语文是最重要的工具，是人类文化的重要组成部分。工具性与人文性的统一，是语文课程的基本特点。"同时，2011年开始的语文课程改革也对语文学科进行了规定："语文课程是一门学习语言文字运用的综合性、实践性课程。义务教育阶段的语文课程，应使学生初步学会运用祖国语言文字进行交流沟通，吸收古今中外优秀文化，提高思想文化修养，促进自身精神成长。工具性与人文性的统一，是语文课程的基本特点。"

从两次课程改革中，我们可以看出，"工具性与人文性的统一，是语文课程的特点"已经成为不争的事实，大家都已经接受。而董旭午提倡的生活化语文，将语文教学与生活相结合，不仅反映了语文学科工具性与人文性统一的特点，同时也反映语文课程工具性与人文性统一的特点所要求的。

（1）语文学科的工具性要求语文教学必须扎根于生活

语文学科的工具性是指语文本身是人们之间表情达意、交流思想的工具，是人脑思维的工具，是学习其它学科、其它知识的工具。语文学科的工具性主要体现在语言的运用和思维方面，而语言的运用和思维都是人类在生活中所进行的，离开了生活，语言与思维都是空洞、没有意义的。一个人如果不能理解语言，不能在生活和学习中正确地运用语言，就无法在社会上生存，更谈不上发展。因此，从语文课程工具性的特点来看，语文的学习必须扎根于生活，将语文教学与生活联系起来。

董旭午所提倡的生活化语文，将语文与生活联系起来，并且在语文教学中深度对接生活。如果董老师在教学中没有与生活对接，学生就不会或者很难读懂这句话的内涵，那么语文教学就达不到让"学生学会运用语言文字、体会语言魅力"的要求，也就无法体现语文学科工具性的特点。

（2）语文学科的人文性要求语文教学生活化

语文学科的人文性主要是指语文学习的过程是人的精神和文化自我成长的过程。语文不仅是人们交流的工具，还是丰富学生的精神世界，具有人文性特点。因此，语文教学不仅要关注学生知识的获得，还要注重学生精神和文化的成长。由于人类的精神和文化是人们在长期生活中形成和发展的，因此，在语文教学中，要想实现人文性特点，就必须走生活化语文的道路，只有将语文教学与生活紧密相连，才能促进学生思维能力、道德情感、生命意识的不断发展，而且语文教学也将在生活实践中不断得到检验和发展完善。

总而言之，语文学科是工具性与人文性的统一体。它包含了丰富的社会生活，它的学习与应用必然有广阔的生活空间。董旭午在教学中有意识地为学生提供参与生活的资料，将教学与生活紧密相连，使学生在广泛参与生活的基础上促进知识与能力、过程与方法、情感态度与价值观的进一步发展，使语文教学更趋于完善，真正体现了语文学科工具性与人文性统一的特点。

2. 董旭午生活化语文阅读教学反映了语文阅读与生活的关系

（1）语文与生活的关系

生活是指人类活动的基本方式和基本环境。语文源于生活，无论是语言文字，还是文学作品，都来自社会生活。语言天然与生活有着紧密的联系，它产生于生活、服务生活。同时，作为文化的载体，它在传承文化、传播文明的历史进程中，还发挥着自己独特的不可替代的作用。不论是语文，还是语文课程，在日益进步和发展的社会中发挥着越来越重要的作用，实现了它作为生活交际工具的特定作用。同时，生活的时空无限广阔地为语文提供了丰富的素材。草木山水、春夏秋冬变换、改革变换、经济科技，都是语文内容表现的事物，这些都为语文注入了有活力的新鲜血液，是语文的源头活水。如果教师科学指导学生运用自己的生活经验和生活积累去感受、去体会这些素材，就能够让他们充分地认识生活，理解生活的真正意义。正如美国著名教育家华特所说的："语文学习的外延与生活的外延相等。"

（2）阅读与生活的关系

人类的阅读活动始于文字的产生。文本是作者对生活的感受和反映，与生活有着密不可分的联系，阅读文本的过程也是在阅读生活。文本，源于生活，是作者对生活的积极能动的再现。一方面，阅读文本就是阅读生活，阅读作者的生活，阅读自己的生活，从中得到更深的生活体验，得到更多的人生感悟；另一方面，阅读文本的过程，使我们认识了生活，提升了生活质量，更重要的是理解生活，通过与作者和文本中人物的对话，我们自发地陶冶了情操，净化了心灵，揭示了生活的本来面目，揭示出生命的意义。

综上所述,语文阅读教学与生活有着极为密切的联系。在实际教学中,要想提高阅读教学质量,就应该把两者紧密地结合起来,在引导学生更好地理解文本、建构文本的同时,充分调动学生的阅读积极性,在阅读中引导学生融入对生活的体验、理解、感悟。

(二)董旭午生活化语文阅读教学的价值

1. 生活化语文阅读教学可促进学生的全面发展

从人的发展角度来看,包括身体和心理两个方面的发展,具体表现为德、智、体或知、情、意。语文新课标"为了学生的全面发展"的理念也指向学生的全面发展。董旭午老师所提倡的生活化语文阅读教学中,教学与生活相联系,充分发挥了语文的育人功能,让学生在身体和心理、情感等方面获得全面的发展。其具体表现为以下四个方面:

(1)激发学生的学习兴趣,培养学生的学习习惯

托尔斯泰曾说过:"成功的教学所需要的不是强制,而是激发学生的兴趣。"强烈的学习兴趣可促进学生克服学习上的各种困难,进而养成学生良好的学习习惯。著名教育家苏霍林姆斯说过:"在人的内心深处都有一种根深蒂固的需要,这就是希望自己是一个探索者、发现者、研究者。而在儿童的心里,这种需要更为强烈。"因此,要想让学生获得发展,首先要激发学生的学习兴趣,进而培养学生的学习习惯。而董旭午老师提倡的生活化语文阅读教学,将教学与生活联系起来,并且根据学生已有的生活经验去解读作者生活和课文生活,当学生生活与作者生活和课文生活产生矛盾时,学生内心的需要被挖掘、兴趣被激发,进而根据生活深入探讨课文内容,最后获得文本的主要内容和作者的深层含义。这是一个阅读的习惯,学生长期在生活化语文阅读教学的引导下,必定会养成联系生活、深入探讨文本、乐于阅读的好习惯。

(2)开阔学生视野,培养学生的思维习惯

在当今的信息社会,语文能力成为一个人获取、删选、运用信息的重要工具,今天我们的语文学习再也不能像过去那样存在"两耳不闻窗外事,一心只读圣贤书"的封闭状态。它要求语文学习要打破书本和教室的局限,与当下的生活相联系、为生活服务。这就要求教师在教学中不仅只讲授书本上的那些知识,还要适时地与生活联系,开阔学生的视野。董旭午老师的生活化语文要求在教学中把课文作为主要的研读对象,但是不仅仅局限于课本,而是以课本为基础将学生的视野向生活延伸,让学生在理解作者生活、课文生活的基础上最大限度地获得知识、开阔视野。董旭午老师的生活化

语文阅读教学不仅打破了课堂阅读的束缚，将课堂与生活紧密联系，引导学生关注时代、关注生活，开阔学生的视野，还使学生的思维习惯得到培养。因为在阅读教学中，无论是提出问题还是分析、思考问题，都是学生在对生活的理解下产生的，学生根据对生活的理解主动去思考、探究，而不仅仅是通过书本上的只言片语思考，这有利于学生思维习惯和思维品质的培养。

（3）培养多种语文能力，提高语文素养

语文能力主要是指语文学习中的听、说、读、写能力，它是衡量语文学习的重要标准。因此，教师要重视对学生语文能力的培养。在董旭午老师的课堂上，我们可以看到他对学生语文能力的培养。例如，在教学中，当学生的学习和思考进入瓶颈时，董老师就会适时地引入生活资料，将学生的注意力引导到现实生活中，在这种状态下，学生一般都是认真倾听董老师的话语，最后在董老师的点拨下，学生进行表达和交流。不得不说，在这样的教学中，学生的听说能力得到了发展。又如，在对学生读方面的能力培养时，董老师也会适时地联系生活，让学生根据生活的体验读出作者在文章中所包含的意思。

语文素养是语文能力的进一步提升。语文新课标中首先提出的就是"全面提高学生的语文素养"。在语文学习中，语文能力获得发展很重要，但是语文的学习不能只停留在能力的培养上，语文学习的最终目标还要指向学生语文素养的培养。在董旭午老师的课堂上，并不只是引导学生在体验生活的基础上获得能力的发展，更重要的还是对学生语文素养的提高。也就是说，让学生在生活的引导和影响下，积累语言材料，提高自身的品德修养和思想情感，从而提高语文素养。

（4）加深对生活的理解，建构健全人格

教育的目的是培养健全、完整的人。语文课程应通过优秀文化的熏陶感染，使学生提高思想道德修养和审美情趣，从而逐步形成良好的个性和健全的人格。人格的发展与生活有着紧密的关系，只有在理解生活的基础上形成正确的价值观和人生观，才能更好地建构自己的健全人格。进行思想教育、培养健全人格，语文教育责无旁贷。《全日制义务教育语文课程标准（实验）》在"教学建议"中要求教师要重视情感、态度、价值观的正确导向，要求学生在阅读时能有自己的情感体验，初步领悟作品的内涵，从中获得对自然、社会、人生的有益启示。

董旭午老师提出的生活化语文中，将生活与语文教学结合起来，在教学中引导学生对作者生活、课文生活、生活情理进行理解，在生活中学习语文，从而加深了学生对生活的理解。同时，董老师的生活化语文还坚持将语文教学与育人结合起来，在通过引导生活让学生对生活加深理解的基础上，注重学生自我思想的发展和精神世界的建构，即在学习过程中，通过生活化阅读，教师引导学生联系生活，在生活中汲取营养，加深对生活的理解，形成正确的价值观，从而达到建构健全人格的目的。

2. 生活化语文教学可促进教师的专业化发展

教师专业发展是教师教育中一个重要的关注点。概括来说，教师专业发展主要包括教师个人知识和教学能力两个方面。教师要掌握一定的教学理论和知识，并在这些知识和理论的指导下进行教学实践，这是教师个人获得专业发展的主要途径。董旭午老师提倡的生活化语文教学理念，在理论上要求教师掌握生活教育、支架式教学、教育心理学等方面的理论，在教学实践中对教师利用这些理论将生活与教学紧密结合的教学能力提出了要求，为教师获得发展提供了空间。在生活化语文教学中，主要通过改变教师的教学理念、转变教师角色、丰富教学生活来实现教师的成长。其具体表现为以下三个方面：

（1）生活化语文教学可促进教师教育知识的更新

生活化语文教学主要是以杜威的"生活即教育"、陶行知的"教育即生活"为主要理论基础。教师在进行生活化教学时，必然要联系这些理论知识，将生活与教学紧密结合。董旭午老师生活化语文教学中的生活主要指作者生活、学生生活、课文生活、读者生活、生活情理等。这对教师的教育知识和学科知识都提出了要求，同时更新了教师的教育知识和学科知识。

（2）生活化语文教学可促进教师角色的转变

在传统教学中，教师一直担任着知识的传授者、教书匠的角色。新课程改革后，对教师的角色进行了新定位，要求教师改变以往的角色，向学生学习的引导者、课程资源的开发者、教育教学的研究者等角色转变，而董旭午老师提倡的生活化语文教学促进了教师角色的改变。

（3）生活化语文教学可促进教师生活的丰富

具有丰富多彩的生活经历、体验的语文教师更了解现实的世界，也更愿意关注现实。董旭午老师的生活化语文教学中，主张将生活与教学相联系，这就需要教师在日常的生活中多观察、留心生活，在生活中发现语文，在语文中学习生活。因此，董旭午老师的生活化语文教学有利于教师生活的丰富，促进教师不断地学习，丰富自己的精神生活，同时也促进教师不断地观察生活，拓宽自己的生活范围。

（三）董旭午生活化语文阅读教学的反思

1. 董旭午生活化语文阅读教学的思考

生活化语文教学中，将生活与语文教学联系起来，激发了学生学习语文的兴趣，提高了语文教学的效率。但是，董旭午老师的生活化语文教学理论在实践过程中并不是按董老师说的那样就可以，实践中还存在着许多困难。其主要表现为以下两个方面：

首先，生活化语文教学是对教师教学能力的一大挑战。在教学中，即使是专业的教师也很难正确把握语文与生活的关系，在教学中进行适度的生活化教学。在生活化语文教学中，教师常常会感到有些力不从心，如联系学生的生活，深入浅出地把语文知识转化为学生的生活知识，这本身就是一个难题。同时，将语文教学与作者生活、课文生活进行深入地对接，这对教师深入研究和解读文本提出了更高的要求。再者，在联系学生生活的基础上，让学生调动自己已有的生活经验去进入作者生活和课文生活中，最后读懂文章，这更是一个难题。教师一般很难把握教学过程中生活的联系，很容易造成联系生活不到位或者教学泛生活化的局面，从而影响正常的语文教学。因此，生活化语文教学对教师来说是一个很大的挑战，教师很难解决这个问题。

其次，学生对这一教学方式很不习惯。在中国的应试教育下，学生已经习惯了教师在讲台上讲、学生在下面记的学习方式，对于在学习中联系自己的生活经验，并且在自己生活经验的基础上思考作者生活和课文生活的教学方法，学生还不是很习惯。同时，现在学校对学生管理严格，学生大部分时间都在学校学习，真正能接触生活的机会不是很多，他们接触更多的反而是书本生活，因此，在这种应试教育的管理下，学生的生活体验并不丰富，要想联系学生已有的生活经验进行教学还是比较困难的。

2. 实施生活化语文教学中应防止的几种倾向

（1）教学内容泛生活化

生活化语文教学要求生活与语文相结合，但教师在教学中联系生活时很容易造成泛生活化的局面，首先表现为教学重生活、轻文本。要想成功实施生活化语文阅读教学，创新就成了首选。为了将语文教学与生活紧密联系起来，教师们创新出多种方式去调动学生的生活经验，让学生重视生活，从生活中学习，不得不承认有些创新的确起到了非凡的效果，提高了课堂效率，但有些教师在公开课上置教材于不顾，将语文课上成了综合活动课，让语文教学成了社会实践，失去了语文的味道。

（2）教学方式泛生活化

教学方式泛生活化首先表现为课堂上虚假的热闹气氛。生活化教学给语文课堂带来了生机与活力，课堂形式随之多样起来，让语文课热闹非凡。然而，经常会看到只见热闹，不见文本的课堂。其次，教学方式的泛生活化还表现为对现代化多媒体教学的偏重。不得不承认，多媒体的教学方式确实给现代教学提供了很多便利，直观、形象、便于学生学习，也方便教师的教学。但是，如果教师过于偏重多媒体教学，在生活化教学中也很容易造成泛生活化的局面。当这些新设备一味追求形式上的"新、奇、特"效果时，当大量的视觉刺激、听觉震撼、动感轰炸充斥课堂时，必然冲淡甚至弱化阅读教学的基本任务，传统的和务实的阅读、思考、默想、聆听、交流这些原本属于阅读教学中的传统学法便会消失。

第四节 小学语文阅读教学生活化的实现对策

一、树立语文阅读教学生活化的理念

在新版的《义务教育语文课程标准》当中，对语文课程提出了新的要求，尤其强调了语文课程要加强与其它课程的联系，与生活的联系。每一位语文教师都有责任参透这个课程标准，而阅读教学生活化是教师顺应发展不断更新的理念的结果。生活化在 20 世纪 90 年代起就重新活跃在教育界，语文学界对语文生活化有一定的表述，如语文特级教师李镇西老师提出的变应试语文为生活语文的主张，让教育工作者开始重新思考语文阅读教学与生活之间的联系，为树立语文阅读教学生活化理念的必要性，提供了很好的理论依据。

（一）生活化的阅读教学语言

苏联作家阿·托尔斯泰在一次讲话中曾这样说："我们不仅能够把思想、概念，而且能够把最复杂的、色彩最细腻的图画用语言表达出来。可以这样说，在人的大脑里好像有着成千上万个，也许还是成百万个键子，一个正在讲话的人，就好像是用无形的手指在大脑这个键盘上弹奏一样，而讲话人所奏出来的那支交响乐也就在知音者脑中回响起来。"这段话十分精要地道出了语言艺术的重要性，因此语文教师必须要锤炼教学语言，研究语言艺术，形成牢牢吸引学生的魅力。其具体内容体现在以下两个层面：

一是有声语言。儿童在学龄前阶段已经能够熟练地运用口语进行交际，小学时儿童正式接受书面语。小学阶段是学生初步掌握书面语的阶段，是教师利用儿童已有的

最初的人生体验使他们掌握书面符号的过程，也是儿童阅读能力不断形成的时期。针对小学不同阶段学生的特点，如小学低年级学生的内部言语发展不够完整，阅读教学生活化得以有效进行必须是以外部言语为中介的，只有把无声的文字变成有声的生活化的言语，他们才能读懂课文的意义。中高年级的小学生基本上具备了良好的语言表达能力，但他们的人生阅历浅，理性思考的能力还比较差，对生活缺乏感受力，若单纯地让小学生自己去感悟文本，肯定有一定的难度。例如，在教学小学五年级上册《地震中的父与子》这一篇课文时，学生对父亲和儿子的心理变化过程难以把握，因为父子之间的情感刻画非常细腻，而小学生对于这种灾难性的遭遇又缺乏深刻的认识，导致其难以理解大灾大难面前深厚父子情意的难能可贵。这时，教师就需要精雕细琢阅读教学语言，用语言的魅力渲染课堂氛围，点缀课堂生活，把学生带入到课文生活之中，引领学生理解。

二是无声语言。教师的肢体语言又被称为无声语言。生动活泼的肢体语言有助于小学生对生活中各种生动事物的感知，帮助其理解阅读所学的新知识。肢体语言尤其适合小学低年级的学生，符合他们思维具体、形象、善于机械记忆，不考虑阅读文本含义而死记硬背的特点。同时，教师的肢体动作要生活化，富有童趣，与小学生的生活经验相联系。小学生的大部分经验都来源于生活，他们在生活中学习。因此，生活化、趣味性强的动作能激发小学生的兴趣，也更容易被小学生接受和理解。

（二）生活化的阅读情感体验

由于小学生的情感体验相对匮乏，所以在理解有些阅读文本时可能存在困难。而小学语文阅读教材本身又蕴含着丰富的情感教育内容，如《迷人的九寨沟》《五月的青岛》等课文浓烈地表现出对祖国自然风光的喜爱和赞美之情；《捅马蜂窝》《我没有钓到那条鱼》《蝈蝈》等课文带领学生走进了充盈童心的儿童世界，富有童趣。所以，只有教师丰富自身的生活情感体验，才能在阅读教学中以饱满的阅读教学情感去影响学生，陶冶学生的情感，加深其生活化的阅读情感体验。在理解阅读文本的时候，教师要把学生自由发挥的空间预留出来，让学生把在实际生活中的情感体验融入阅读课堂上的情感体验当中，增强学生生活化的阅读情感体验，让学生带着自己的理解走入文本，而教师则结合教材特点从旁加以引导，丰富学生的生活化阅读情感体验，让学生热爱生活，热爱阅读，体验生活，体验阅读的乐趣。

（三）灵活运用阅读教学方法

在阅读教学中，教师不仅要关注对知识的传递，还要注重教学的方法。实现小学语文阅读教学生活化不能单单只依靠某一种教学方法，或者某种固定的教学模式。阅读教学生活化强调教学方法的灵活性，课堂上允许多种教学方法灵活使用，除了讲授法，教师还可以根据实际情况进行讨论法、谈话法、演示法、练习法、参观法等多种方法的交叉运用，力求给学生呈现出一个能结合生活实际理解课文内容的阅读教学课堂。《阳光很活泼》是小学五年级上册的一篇课文，描写了画家爸爸看到的海边日出的美景。重庆是一座山城，大多数学生并没有亲眼见过海边的日出，学生也很少会有观看日出的生活体验，这时教师可以运用多媒体展示海边日出的美景，加强生活实际和阅读知识的联系。

二、关注语文阅读教学"三生活"

阅读教学的过程是一个与生活进行对话交流的过程。小学语文阅读教学生活化需要教师在阅读教学中，对作者生活、课文生活、学生生活加以关注，把这三者统一起来进行教学，全面激发学生的阅读兴趣，把学生在现实生活当中运用阅读知识指导实践的积极性调动起来，其简称为小学语文阅读教学生活化的"三生活"。这对于培养学生对阅读文本的赏析和评价能力，运用阅读知识服务生活有着积极作用。可是据调查结果，大多数小学语文教师将更多的精力投放在学生阅读知识的机械积累上，忽视了作者生活、课文生活、学生生活的结合，不利于阅读教学生活化的展开。

（一）作者生活

作者的生活背景是通过努力希望实现或已经实现的人生目标、理想抱负以及作者在某一领域的愿望主张，而且写作这篇文章想要表达的意图愿景都囊括在作者生活之中。只有我们了解了作者生活，才能更好地理解感悟作者所写的文章，也就是被编入教材的我们所接触到的课文。然而，学生通常对作者的生活没有充分地认识，教师也只是在课前略微提一下作者的生活背景，学生往往是肤浅地认识作者所在的生活，从而被动地接受教师传递的知识。比如，六年级上册的课文《我的百草园》是鲁迅于1926年写的一篇回忆童年生活的散文，收录在其散文集《朝花夕拾》里。其主要通过百草园自由快乐的生活和三味书屋里枯燥无味的生活的比较，表现了儿童热爱大自然、追求自由快乐的生活的情趣，批判了封建教育制度对儿童身心的束缚和损害。百草园的景物和童年生活的情趣，处处表现出儿童好奇、求知的心理和对大自然的热爱。教师带领学生认识作者的时候，要对作者所处的时代背景，经历的社会背景加以阐述说明，这样学生才能更深刻地理解鲁迅先生，而不是一提到鲁迅先生就是严肃、庄重的刻板印象。只有了解了作者生活，才会对课文有深刻的认识。

（二）课文生活

　　课文紧张曲折的故事情节，或者课文所折射出的文化意境，表现的生活情景，课文主人公心灵世界的内心独白、个性特征等都属于课文生活。课文生活包含了许许多多的内容，而这些内容又是我们在阅读教学生活化过程中需要多加关注，吸收消化，帮助推进阅读教学生活化发展进程的。理解感受课文当中的生活，不是片面地把课文生活当作知识讲授给学生，而是要带领学生自己去感悟体会，这样学生才会有新的发现。概括来说，就是每一篇课文都有其自身的生活存在，而相当一部分小学生对课文当中的生活可以说大多是不曾经历过的，所以理解课文内容自然就存在相应的困难。

（三）学生生活

　　学生生活包含的内容就更加广泛了。学生不同的生活经历、审美情趣倾向、生命感悟积淀程度等都属于学生生活。学生是阅读的主体，面对不同年龄阶段的小学生，要根据其特点，关注学生生活，掌握分析学生在阅读教学之前的阅读状况。简单地说，就是课文的哪些地方，学生根据自己的生活经验，能理解、感受、欣赏，哪些地方或许理解不到、欣赏不了。对于一篇课文，学生之所以理解、欣赏存在一定的困难，其中一个原因是生活经验及百科知识的不足。这就需要小学语文教师在阅读教学中关注学生生活，唤起、补充学生的生活经验。

三、创建富有生活气息的阅读课堂

　　陶行知先生曾经说过："没有生活做中心的教育是死教育；没有生活做中心的学校是死学校；没有生活做中心的书本是死书本。"创建富有生活气息的阅读课堂，是小学语文阅读教学生活化的内在需求。在阅读课堂上，力求把阅读教学过程还原为形象生动的生活过程，把阅读教学的情景还原到现实生活情景之中，让学生处在具有生活气息的阅读课堂环境之中。在小学语文阅读教学课堂中，教师应充分结合学生原有的生活经验，让生活经验与文本认知接轨，让隐性知识与生活现实对接，让知识建构与智慧生产融合，让价值生成与生命发展共进，如此才能让生命在课堂生活中诗意地栖居，才能实现卓有成效的语文教育实践。

（一）营造生活化的课堂氛围

　　教师要在阅读教学过程中营造生活氛围，建立新型的平等、民主、互动的师生关系。

阅读课堂教学开始的第一个环节是导入环节。良好的导入环节能起到激发学生对阅读学习的兴趣、稳定学生学习情绪的作用，给学生创设一种良好的阅读学习氛围。例如，《我的老师》这一篇课文从刘老师教学和放风筝两个方面来进行叙述和描写，语言朴实，感情真挚。在作者笔下，我们看到的是一个个性鲜明、情感丰富、乐观开朗、爱学生、爱工作、对生活充满了强烈的爱和执着的追求、值得我们永远学习和尊敬的充满人格魅力的刘老师。某学校的语文骨干教师这样设计导语："同学们，请大家回忆一下，从小学一年级起，到目前为止，一共有多少位老师教过你们？在诸多老师中，有哪些是终生难忘的呢？我想，在每个人的心目中，肯定有一位最难忘的老师。如果把他写下来，也一定令人动情、感人至深。今天，我们就一起来学习苏叔阳的一篇散文：我的老师。"这样的导入是与学生的生活密切相关的，也是最能激发起学生学习兴趣的，可引导学生在回忆中唤醒自己的生活体验，自己对教师的情感体验，为进入课文的研读做好情感铺垫。

（二）创设生活化的课堂情境

在实际教学中，创设生活化课堂情境的方式多种多样。伴随着现代教育的发展，教学点数字教育资源的全覆盖，教育资源的共享，运用现代化多媒体手段创设生活化课堂情境也变得更加丰富多彩。结合不同类型的阅读文本，借助现代化媒体手段，把单纯的阅读语言文字辅助声、像、图文加以阐释，吸引学生课堂注意力的同时，还能使学生获得直观真实的生活感受。切己体察，说的就是这个道理。将呈现在眼前的语言文字符号与自己的生活经验相沟通，沁润阅读文本的生活场景，增补文本的实际内容，与作者内心沟通，也就深得文章的旨趣了。创设生活化的课堂情境，适度引入生活资料，阅读课堂回归生活至关重要。阅读课堂的教学要想引人入胜，语文教师就必须承担起信息传递者的角色，引入生活资料，突破现有的教学模式，转而采用自主、合作、探究的学习方式。在阅读教学的过程中，适当地穿插一些学生感兴趣或熟知的生活资料，可以起到活跃课堂气氛，开阔学生视野，提升课堂教学的有效的作用。

（三）适当布置阅读课后实践性作业

调查结果显示，部分教师没有在上完阅读课后布置生活化的实践性作业，巩固学生所学到的知识，促进小学生动手操作能力的培养，导致学生难以将课堂上所学到的阅读知识彻底地吸收内化，从认识表面转化到实践中去。要想提高学生对知识的实际应用能力，将书本知识与生活实践融会贯通，教师有必要适当布置一些与生活相关的课后实践性作业。

四、提升小学语文教师阅读教学生活化的能力

要想突破实施小学语文阅读教学生活化的困境，提升小学语文教师的阅读教学能力尤为必要。而提升小学语文教师的阅读教学能力是提升阅读教学生活化知识水平和阅读教学生活化技能两大方面，提升的途径主要包括教学反思、校本培训、校外支援与合作等。

（一）提升教师的阅读教学生活化知识水平

之前我们曾提到，小学语文教师实践性知识的匮乏，会影响到小学语文阅读教学生活化的实施。实践性知识水平的提升并不是简单地依靠于教师的教学实践活动，而是需要在掌握大量的阅读教学生活化理论知识的基础上，进行教学反思总结而来的。因此，需要加强教师对小学语文阅读教学生活化相关理论知识的学习。大语文观、素质教育思想等为教师提供了丰富的阅读教学生活化方面的理论知识。通过开展教研活动对这些理论知识进行探讨学习，吸收消化，可以使教师深入生活，充分感受、充分了解、充分理解、充分认识生活。教师在阅读教学过程中熟练地将理论知识和生活结合起来，可真正从理论上实现阅读教学的生活化。此外，教师还应保持良好的阅读习惯，从阅读中汲取知识。

（二）提升教师的阅读教学生活化技能

技能是指通过练习获得的能够完成一定任务的动作系统。语文阅读教学生活化的技能包括阅读教学目标预设技能、阅读教学导入技能、对话技能等。阅读教学目标预设技能是指在语文阅读教学活动开展之前，教学主体综合考虑教学相关因素，已确定阅读教学活动预期结果的能力。结合学生的生活体验，设置生活化的阅读教学目标，是实施阅读教学生活化的首要步骤。导入技能，又叫开课或导课。以生活化的方式导入阅读教学新课，有利于激发学生的阅读学习兴趣，从而达到良好的教学效果，一个优秀的语文教师，善于在正式开课前几分钟通过导入就牢牢吸引学生的目光。在阅读教学中根据教学内容选取贴近学生生活的导入方式，是语文教师在进行阅读教学时应该认真思考的问题。对话技能是指在语文阅读教学课堂上围绕教学内容与学生之间展开的对话交流等教学行为过程中所表现出来的能力。

五、拓展阅读教学生活化的途径

（一）拓宽课外生活阅读资源

课外阅读延伸拓展了阅读课堂学习内容，对培养学生广泛的阅读兴趣，扩大学生的知识阅读面，增加学生的阅读量，有着重要作用。教师可以筛选一些与生活时代背景紧密联系的文本，以供学生阅读，如报纸、新闻杂志、时文等，引领学生体验生活时代脉搏，激发学生的阅读兴趣，帮助学生获取及时可靠的信息，丰富学生的情感生活体验。学生可根据自己的兴趣爱好，广泛涉猎生活中的各种有益阅读资源，积累在课外阅读和生活中获得的语言材料。

（二）户外拓展，体验生活

语文的外延是生活。阅读教学生活化的实施，需要教师不能仅仅局限在课堂上，还需关注学生的课外活动情况，丰富学生对生活的体验感悟。其主要是从自然生活和人文生活两个方面来进行拓展。

1. 自然生活

自然生活丰富多彩，春夏秋冬季节的交替更换，呈现出奇妙绚丽的景物变化。有关自然生活的文章，很多也被纳入课文当中。学生往往最容易忽视日常生活中身边的自然景色，对自然生活也不是很关注。比如，雨后开放的花朵，早晨明媚的阳光等，都需要用心观察才能体会到自然生活的奇妙之处。由于学生对自然生活的感知浅显，所以在阅读自然景物的描写时，对其语句不是很理解。对此，学校可以开展一系列走进自然生活的活动，拉近学生与自然生活的距离，增加学生对自然生活的体验，如此学生才能在阅读教学过程当中联系生活来解读阅读文本，拉近自己与阅读文本之间的距离。

2. 人文生活

学校应该多组织带领学生参观当地的博物馆、纪念馆、名人故居等有意义的人文活动，开阔学生的眼界。比如，学校可以组织学生参观重庆三峡博物馆，感悟重庆当地的红岩文化精神，参观渣滓洞、白公馆等，从而丰富学生的知识，提高其文化品位。这样在教学《小萝卜头》的时候，学生才会有情感的共鸣。阅读文本中小萝卜头下课时在白公馆的走廊上看墙外的群山，在走廊上捉到了一只漂亮的小虫，并把它放在火柴盒里，最后小萝卜头看到失去自由的小虫在不安地爬动，便放飞了小虫。如果在教学中增加生活体验，学生就不难从小萝卜头的行动和语言中体现出小萝卜头对自由的渴望，以及感叹当下生活的来之不易。

（三）联系学生的家庭生活

教育家福禄贝尔曾经说过："家庭生活在儿童生长的每个时期，不，在人的整个一生中，是无可比拟的重要。"学生的生活经历和体验与家庭生活有着密切的联系。家庭生活与学校生活都是学生日常生活最主要的组成部分，具有同等重要的作用。所以，教师要加强与学生家长的联系，通过家访等方式定期与学生家长沟通，保证在学校、家庭生活中，能够给学生提供一个良好的阅读氛围，并与家长合作，培养学生的阅读习惯。

第五章　小学语文教学与提问

第一节　小学语文阅读教学中有效提问的方法

提问是一种古老而又重要的教学方法，古希腊著名哲学家苏格拉底的"精神助产术"教学法即是以提问为核心，通过问答的方式艺术地引导谈话者逐步反思所探讨的问题，让自以为知者知其所不知。现代课堂教学中，提问仍是教学的关键，教师可以用精心设计的、充满思想的问题轻轻推进学生的思考过程，激活学生的想象力，不仅让学生体会到表达自己的成就感，也对自己的思维方式予以反思。

小学语文中阅读是一个很重要的环节，尤其是到了高年级之后，阅读更是显得越来越重要了。如何才能提高学生的阅读水平和阅读能力呢？其中一个很重要的问题是：在阅读教学环节中教师如何去设计问题，然后让学生能够根据问题去进行阅读。

在教学中几乎每一位教师都会用到提问这种教学方法，即教师针对自己的教学目的和教学任务，向学生提出一些问题，要求学生略加思考后回答的教学方法。那么问题提的是否符合学生的要求，是否拔高了或者简单了，都会影响到学生的发挥。也就是说问题的有效性将直接影响学生的思考和教师的课堂效果，同时这还是一个教师教学水平的体现。所以，问题的有效性就显得非常重要。怎样才能使提问有效呢？那是需要一定的方法和技巧的。

一、设置有价值的问题

教师设问的内容和形式决定着学生思考的方向，绝大多数情况下，教师提出的问题都是些低水平的、连珠式的记忆性问题，学生通常只需要一两句话便能回答。真正有价值的问题是教师和学生都想探讨的问题，而且能够在探究问题的过程中，沟通不同主体之间的知识建构。教师应该以促成有意义的对话教学为目标，从广阔的问题视阈出发设置开放式的、有逻辑性的系列问题。提问是否有效要根据所提问题的价值来判断。如果一个问题设置的时候就没有价值，那它有没有效就没有再讨论的必要了。

（一）设问要具有超越性

我们在平时的教学中会发现这样一种情况，就是教师所提的问题，学生不用思考就能够回答出让教师满意的答案来，而且还是异口同声地回答。学生是不是真的已经学好了呢？肯定不是。我们注意听，仔细看就知道教师所设的问题只是让学生复述课本上的内容，只要是有书的学生，都能够从书上找到教师想要的答案，所以说这跟学生的思维发展以及知识的拓展是不存在任何关系的。真正有效的提问是提出来之后，需要学生进行思考之后才能回答出来。当然也不是让学生思考几十分钟甚至几天，而是"跳一跳，够得着"这种情况。

（二）设置开放性的问题

学生回答问题是否有自己的思考在里面，以及是否具有自己个性化的理解和表述，很重要的一点就是看教师设置了一个什么样的问题。我们知道问题通常有两种：一种是开放式问题，另一种是封闭式问题。顾名思义，开放式问题的答案就不唯一，需要加入答者自己的理解，而封闭式问题的答案就只能是"是"或者"不是"。我们知道对于语文教学而言，需要的是学生个性化的阅读，需要的是学生的感悟和体会。既然是个性化阅读，是学生的感悟和体会，那么那就不是简单的一个"是"或一个"不是"能够说清楚的。需要的是答者自己的阐述。所以阅读教学的提问要想有效，就应该设置开放性的问题。

（三）逻辑性的设问

语文的阅读教学除了要培养学生的语感以外，还有一个很重要的意义，就是语言思维的训练。对于一个人来讲，他的思维就体现在他的逻辑性上。在语文的阅读教学中，要使学生的思维得到锻炼，就必须设置具有逻辑性的问题。教师在设置问题时要有牵一发而动全身的效果。否则的话，你提出来的问题，学生思考了半天也只是一个个孤立的知识点，不能够连成一条线。我们都知道，想要学生的思维得以发散，教师提出的问题就很重要，他能不能够统领全局，能不能把问题串联起来，以及把一个个的知识点串联成一个珠链，是直接影响教学效果的。所以教师在语文阅读教学中要提问有效，逻辑性是一个很重要的因素。

二、构建有效性提问的方法

提问并不仅仅是教师抛出问题,还是一个不断发展的教学过程。在动态的提问过程中,教师要策略性地调节提问的发展进程,推动学生参与教学对话。

(一)鼓励学生提问

教学活动应该是一个双向的活动。教师向学生抛出一个问题,目的是让学生根据问题进行思维训练,然后完成既定的教学任务。这只能完成教师要教给学生的任务,然而学生作为一个鲜活的个体来讲有自己的想法,他也需要通过提问的方式来让教师帮助他达到自己的目的。尤其是在小学阅读教学中,学生存在着很多自己的想法甚至是疑惑,此时如果学生自己不说,教师就很难知道了。所以,在构建有效提问的时候,教师必须把学习的主人这一主要因素考虑进去,因此,应该鼓励学生多提问。

(二)仔细倾听学生的回答,并给予时间耐心等待

在教学过程中,教师为了赶时间,很多时候抛出问题后根本就没有给学生足够的时间去思考,有时甚至没有仔细倾听学生的回答。学生的回答直接关系到教师所提的问题是否有效。如果我们把这个标尺都忽略了,那么我们又该怎么去衡量教师所提的问题是否有效呢?所以仔细倾听学生的回答就显得非常重要了。小学生的思维发展以形象思维为主,而在阅读教学中,我们经常要用到抽象思维,学生要用抽象思维来思考问题,相对来说思考的时间就要久一点。所以教师不仅要仔细倾听学生的回答,还要给予学生足够的时间去思考。

(三)让学生自己来证明自己的回答

教师提出问题之后让学生来回答,肯定会有一些回答是不符合要求的。这时,教师往往要提出质疑。如"是这样的吗?""这样恰当吗?""你怎么会有这样的体会呢?"等等。其实学生这样说肯定是有自己的理由的,说不定他的理由还是有理有据的,但是很多时候当教师发出质疑的语气之后,学生心中就没底了,就觉得自己真的回答错了。教师此时何不多给一点时间让学生来证明自己的回答呢?哪怕是错误的回答。当学生说出自己的证明之后一定会发现问题在哪里,一定会进一步思考的,而这将成为他学习中的一大收获。

（四）尊重个性化的回答

语文课程标准中明确要求教师在阅读教学中要尊重学生的个性化阅读，要创造个性化阅读的氛围。阅读本来就应该是一个个性化的活动。"一千个读者，就有一千个哈姆雷特。"阅读是和我们生活经历、理解能力、自身的素质等一系列的因素息息相关的。不同的人读同一篇文章可以从不同的角度去读，从不同的角度去理解。也许有的人理解得深一些，有的人理解得浅一些，但是这都是他们自己的理解，是他们对文本的一个思考和感受。教师不应该否定他们，而是应该尊重他们。在尊重的基础上再去引导学生更深入地理解、感悟、体会。

三、有效提问的方法

（一）由点及面的提问

提问的时候，教师不应该上来就给学生一个笼统的问题，这样会使学生"丈二和尚摸不着头脑"，不知道应该如何下手。教师的提问应该从一个点散发开来，最后形成一个面，当然这个点不能太过细碎。

（二）从形象思维到逻辑思维的提问

小学生既然是以形象思维为主，那么我们在阅读教学中提问的时候，就必须关注学生思维发展的模式，只有这样我们才能达到自己预期的效果。在形象感知的基础上再进行逻辑思维，学生会感觉容易一点，教师也会轻松一点。

（三）由浅入深

课堂阅读提问必须遵循学生的认知规律，由浅入深，由易到难，层层递进，步步深入，最终达到"跳起来摘桃子"的理想境界。如《索溪峪的"野"》为何说索溪峪是"野"的？首先要让学生先找着索溪峪的"野"体现在什么地方，然后才是为何说它是"野"的。这个问题应该是一步一步推进的，是慢慢来的。如果一上来就要求学生回答为什么说索溪峪是"野"的，无形中就把问题拔高了。

教育的责任在于唤醒、激励和鼓舞学生，提问的艺术在于促进思维发展。只有把学生的发展放在首位，才能焕发出提问的生命力，碰撞出智慧的火花。提高提问有效性的方法，还需要我们在平时的教学中不停地摸索、总结。

第二节　小学语文课堂提问的有效方式方法

课堂教学的主要目的是使学生获取知识、形成技能、训练思维，而课堂提问是实现这一目标的主要手段。教学中的"问"，可谓启发性的集中表现，如果运用得当，那么对于巩固学生知识、启迪学生思维、开发学生潜能、培养学生素质都有重要的作用。遗憾的是，语文阅读教学中还存在大量的无效提问。不少教师在课堂上喜欢提出"是不是""对不对""好不好"之类的问题让学生回答。表面看来，学生兴致勃勃，情绪高昂，课堂气氛热烈。实际上，这样的提问非常简单，没有多少思考的余地，对促进学生思考，引导学生关注课文是无甚益处的。那么，如何避免冗余提问，增强课堂提问的有效性呢？

一、循序渐进——有层次性

提问的顺序要由浅入深，循序渐进，呈阶梯状进行。这种提问符合学生认知发展的规律，能促进学生参与教学对话，激发和加深学生对所学内容的理解。如在教学《孔子游春》第八自然段时，可以这样提问：这段话中哪些词或句子你还不理解？请利用工具书解决或者与同桌交流。这段话是围绕哪一句话写的？为什么说水是真君子？孔子以流水为喻，有何用意？"善施教化"后有个省略号，省略了什么？你能合理地补充水有哪些特点吗？这个教学片断从理解词语到理解句子再到理解段落，层层深入。理解段落时也是从理解文章表面的意思再到理解藏在文章背后的深意，语言训练也是在理解课文内容之后进行拓展延伸的。由于提问有层次性，能激发学生的学习热情，锻炼学生的思维方法，久而久之，不仅学生的逻辑思维能力会变强，而且还能激发出他们乐学，善学，爱学的主动性。

二、把握时机——有启发性

问题要选择最佳时机，力求收到最好的教学效果。提问的时机迎合了教学的需要并与教学视角相吻合，我们就可以称之为"最佳时机"。孔子曰："不愤不启，不悱不发。"教学中，教师要善于调动学生进入"愤悱"状态，引导学生"生疑""质疑""释疑"，培养他们发现问题、分析问题、解决问题的能力。学生有了疑问，就会产生求知欲，就非要弄个水落石出不可。因此，教师在组织教学时，要善于根据教材内容，或课前设疑，引人入胜；或课中置疑，起伏跌宕；或课后留疑，回味无穷，使学生在课堂上始终处于一种积极的探求状态。如在教《海伦·凯勒》时，当学生了解海伦·凯勒的不幸遭遇后，就应该让学生默读课文，说说海伦·凯勒是怎样面对这一切的？你觉得她是个怎样的人？从哪些句子知道的？这一问，无疑打开了学生的思维翅膀，学生就得认真地看书，寻求答案。学生通过学习、思考、讨论，很快就明白了海伦·凯勒是个刻苦学习、不向命运屈服的人。这种课中置疑提问，是在学生急于知道主人公命运的"愤悱"状态下提问的，学生的情感处于"高原地带"，不一吐为快都难。教学实践证明：提问时机过早，学生因对教材内容缺乏准备，只会使教师启而不发；时机过迟，问题已解决，提问成了"马后炮"。

三、难易适度——有连接性

问题要难易适度，要让新知识与学习者认知结构中已有的适当观念建立起非人为的本质性的联系。问题还要能启发学生思考，既不能过于浅白，又不能太艰深。太浅白，没有思考的空间，索然无味，提不起学生兴致，学生无从学到新知识，只能在原地踏步；太艰深，新旧知识无法找到衔接点，学生无从下手。难度太大的问题不仅达不到教学目的，反而易挫伤学生的学习积极性。因此，所提问题要难易适度，既要激发学生的好奇心、求知欲和积极思维，又能使学生通过努力从"已有的经验区"到达"最近发展区"，"跳一跳，摘到桃子"。如教学《四个太阳》时有人设计了问题："金黄的落叶忙着邀请哪些小伙伴尝尝水果的香甜？"这个问题就未免过于简单了，相信大多数学生都会以漫不经心的态度对待，这对良好的阅读习惯、阅读能力的培养没有多大价值。如果这样设计："金黄的落叶忙着邀请哪些小伙伴尝尝水果的香甜，它们是怎么邀请的？"那学生的反应或许会大不一样。这种问题具体而又有思考的余地，一方面让学生深入理解文本，让学生在交流中体会秋天的乐趣，感受秋天给人带来了丰收的喜悦，带来了欢乐。

另一方面又训练了学生的想象能力、思维能力和语言表达能力。又如教完《四个太阳》后，有的教师这样提问："你想送世界一个什么样的太阳，为什么？"因为是一年级学生，一个"为什么"，学生没有与知识背景产生联系，难度显然很大。结果，学生茫无头绪，课堂一下子冷寂下来。有的教师考虑到学生的年龄特点和知识水平，就设计了这样一个问题："我想画一个＿＿＿＿的太阳，送给＿＿＿＿。"学生跃跃欲试，课堂气氛异常活跃。实践证明，切合学生与课文实际，引人深思的教学提问，有助于点燃学生思想的火花，掀起情感波澜，调动其学习积极性与主动性，提高课堂教学效率。

四、突破难点——有指向性

问题要围绕教学目标，突破教学中的重点、难点。重点内容对全篇课文来说"牵一发动全文"，是阅读教材中能体现中心思想的点睛之笔。阅读短文中有"题眼"，诗歌中有"诗眼"，教学中教师抓住"文眼"，再分析全文，将起到事半功倍的效果。如《游园不值》中"春色满园关不住，一枝红杏出墙来"一句是理解的重点，同时也是理解的难点，流传千古的名句，蕴含着深刻的道理。教师若只让学生联系前两句诗提供的意境说出这两句诗的字面意思效果可能不好，学生就不会知道它流传至今的原因。如若就此诗句提问："读到'春色满园关不住，一枝红杏出墙来'时你的脑海里出现怎样的情景？""这两句诗除了字面意思以外还有没有更深一层的意思呢？"就可能激起学生探究与思考的热情，他们经过丰富的想象，仿佛看到园内林木葱茏，繁花似锦，红杏灼灼，灿若云霞。从而进一步感受到任何新生的事物都是无法阻挡的，它总会冲破阻力向前发展。这样的提问引导学生直接把目光投向文章的关键处，不仅让学生领会诗意，而且感悟了诗的意境，深刻领悟诗中耐人寻味的深刻哲理，同时培养学生的阅读理解能力。

五、促进生成——有探索性

生成是不能预设的美丽，在课堂教学中无时无刻不存在生成。有的生成对推进教学、达成教学目标起到正面的促进作用。这时候，教师应采用追问的形式，适时引导学生对这类问题进行研究，引导学生深入了解课文内容，升华文章的思想感情，起到"四两拨千斤"的作用。《一夜工作》这节课上，教师指导学生朗读课文。当学生读到"他是多么劳苦，多么简朴！"这句话时，情不自禁地加了个"啊"字。面对这个生成，教师只是机械地告诉学生："记住，读书时不能添字。"教师显然没有意识到这是个极好的生成资源，不懂得追问，所以不能帮学生厘清思绪，不能帮学生深入地理解课文内容。课堂教学停留在表面，学生的探索不能引向纵深。要是教师这样追问："你为什么不由自主地加了'啊'字？你的崇敬之情从何而来？"学生在提问中就能梳理杂乱的思绪，明晰自己内心的感受，受到情感的熏陶。课堂生成的主体是学生，生成的课堂要让学生获得深刻的感受，所以教师要有一定的教学机制，及时追问，促进生成。

综上所述，课堂提问既是一门科学，更是一门艺术。课堂环境的随时变化，使实际的课堂提问活动表现出更多的独特性和灵活性。我们教师只有努力优化课堂的"问",问出对话,问出精彩,才能激发学生的学习热情,开拓学生的思维,从而让学生获得更多的知识。

第六章 小学语文写作教学生活化的策略与研究

第一节 小学语文写作教学生活化的独特内涵

一、写作教学生活化的内涵

写作教学是小学语文教学的重要组成部分,必须以全面提高学生的语文素养、发展学生个性为根本出发点。写作教学生活化是指在写作教学过程中,根据学生已有的生活经验,把写作教学同现实生活联系起来,充分体现"写作从生活中来,又回到生活中去,最终为生活服务"的理念,让学生把学到的写作知识运用到日常生活中,更好地解决生活中的现实作文问题,提高学生对所熟悉的生活环境和事物的兴趣,提供更多实践操作的机会,使学生能够从生活周围去发现写作、学习写作,感受写作就在身边,找到学习写作的兴趣。如此看来,教师在具体的写作教学生活化指导中必须坚持生活化教育理论,不断探索写作教学和生活相结合的途径,在写作教学中不断使学生认识到生活本身就是写作的源泉,使学生关注生活、享受生活、爱上生活。其具体包括写作教学目标生活化、写作素材积累生活化、写作教学指导过程生活化和语言表述个性化。

二、写作教学生活化的内容

(一)教学目标生活化

《全日制义务教育语文课程标准》提出了第三学段的写作教学目标,以下就是语文课程标准对小学高年级写作教学目标的规定:

第一,懂得写作是为了自我表达和与人交流。

第二,养成留心观察周围事物的习惯,有意识地丰富自己的见闻,珍视个人的独特感受，积累写作素材。

第三，能写简单的纪实作文和想象作文，内容具体，感情真实；能根据内容表达的需要，分段表述；学写常见应用文。

第四，修改自己的写作，并主动与他人交换修改，做到语句通顺，行款正确，书写规范、整洁；根据表达需要，正确使用常用的标点符号。

第五，写作要有一定速度；课内写作每学年26次左右。

第一条目标是让学生明白写作的价值是自己情感表达的需要，而不是教师所谓的代表教材与应试的要求。作文不是要学生写，而是学生自己要写，这样学生才不会为了得高分而拔高立意，编造故事。人人写真话，人人诉真情的作文才能打动读者。马克思主义文艺理论认为："现实生活是文学写作的唯一源泉。"第二条目标是说写作教学过程中教师应该引导学生关注现实、热爱生活，通过观察分析自然、社会，表达自己对自然、对社会、对生活、对人生的感受、态度和看法。教师应该引导学生做生活的有心人，仔细观察自然界、人类和社会，将自己所见所闻所思用笔记下来，建立一个生活作文素材库。对第三条目标的解读，可看出语文新课标强调淡化写作文体和降低写作要求、束缚的意识，同时又很重视写作的过程，重视表达的内容。这样有利于减少学生的写作心理压力，有利于调动学生写作的积极性，保护学生想说想写、敢说敢写的激情和冲动。人们对生活的理解是多样化的，每个人眼中、心中的生活，更是异彩纷呈的。写作本来就是对认识到的生活的真实的反映，写出真实的、独特的感受，才是真正的作文。那些胡编乱造的所谓感人故事，只会让人反感。第四条目标是说要想减轻教师批改作文的工作量，并且取得写作教学的进步，必须充分发挥学生的自主性，真正体现学生就是学习的主人。小学高年级学生已经具备一定的写作知识和评改能力，在写作完成之后可以组成评改小组，组内相互传阅，并给出自己的评改意见。第二步，自己参考同学的意见进行修改，完成后交给教师。第三步，教师总体评价，挑几篇好的文章和差的文章进行讲评。第五条目标强调作文的效率问题，作文训练不宜多，还要讲究质量，让每一次写作练习都达到一定效果。以现代社会发展的速度，时间就是生命，所以必须提高学生写作的速度。

综上所述，写作教学的目标就是把学生当作写作的主人，在生活世界里培养学生热爱生活、认识生活、表达生活、适应生活的态度，通过写作教学使学生更好地适应时代发展的需要。

（二）写作素材积累生活化

人们常说生活是个万花筒，色彩斑斓，五光十色，但其反映在学生的作文中却是单一、纯色的。美国教育家华特说过:"语文的外延与生活的外延相等",所以在写作教学中,首先要引导学生热爱生活,对生活有敏锐的感悟力。热爱生活,笔端才会流淌出源源清流,妙笔才会生花;观察生活,才会发现生活中的真善美、假丑恶;积累生活,思考生活,才能拥有自己的思想,对周围生活的点滴形成自己的看法或独到的见解。对生活观察得越细致,描写的事物就越生动形象;对生活体验越深刻,内心所流露的情感就会越真实感人;对生活积淀得越丰富,就会练就一双热爱生活、描绘生活的慧眼。孩子每天置身于社会之中,日月星辰、风霜雨雪、江河湖海、虫鱼鸟兽、街头巷陌、超市公园,加之报纸、电视、网络中的各种信息,还有形形色色的标语、广告、对联以及小品、相声磁带等这些最生动、形象、最有活力的生活素材,都是作文教学的重要资源。所有这些我们不能熟视无睹、充耳不闻,而应该敏锐地将其把握,根据需求加以筛选,为积累写作素材打下良好的基础。

在教学中,我们要结合学生的认知规律、生活经验,联系学生的生活实际,使写作内容更加丰富生动。例如,我们可以引导学生从不平凡的视角写生活中的平凡事;也可以通过细心观察生活中的新鲜事,鼓励学生写出自己的感受和经历,即写生活中的新鲜事;引导学生把最近发生的新闻时事写进文章,即写生活中的重大事;我们的生活日新月异,新事物、新产品层出不穷,教师可以鼓励学生写生活中的时尚事。

(三)教学指导过程生活化

在生活化教学理念的引领下,作文的创作过程不再是传统意义上教师单纯地讲解写作知识,学生进行作文实践的过程,而是将生活的元素引进课堂,形成了"生活—作文—生活"的循环教学模式。教师可以在写作课堂中引入现实的生活元素,在这一过程中,既可以利用学生已有的生活内容对写作教学内容进行整合,也可以适当引入与写作主题相关的生活实例,不断创设生活情境,提高学生学习写作的兴趣。

所谓情境作文教学,就是在课堂教学过程当中,在保持原有的作文指导教学下,注重将创设生活情境、引导学生观察体验生活引入作文教学当中,形成了"用活动教""用生活教"的作文教学模式。这种以制造生活为手段,以传递写作内容为目的的教学过程,其实质是将学生日常生活中的情、景、事、物(如家庭生活、娱乐活动等)搬进课堂,真实地再现给学生,然后再让学生将活动的内容充实到作文当中。其把学生的兴趣放在第一位,全程以学生的体验、思考为核心,创设生活的情境,让学生身临其境,如此学生才有感可发。所以,教师可以通过情境的创设让学生有话可写。创设情境很重要的一点就是让学生在情境活动中受到感染,进而有所思、有所感,产生表达的欲望,写出充满真情实感的文章。另外,还可以让学生通过参加活动获得真切的生活体验，从而解决写作时无话可写的窘境。此外，还可以让学生对阅读材料进行感知。这是一个旨在引导学生通过文字间接体验生活的教学过程，主要有写听后感和读后感两种方式。在学生体验、感悟的整个过程中，教师不会对材料进行任何分析，主要是凭借学生个人能力，获得对材料的感知。在以上三种教学方式中，学生通过自身的参与，真实地感受到了作文来源于生活，从现实生活中获得了体验和感悟，丰富了自我写作的内容。

当然，将作文看作学生生活的组成部分，势必要颠覆长期以来教师主导、学生被动的学习方式，转而提倡自主探究的学习方式。作文教学生活化理念强调的是在提升学生写作兴趣的前提下，结合学生的特长，倡导展示学生语文能力的写作。它不是通过硬性规定而实现的，也不是教师和家长所能代替的，它只能通过学生的自主探究来完成。在写作过程中，学生可以尽情地展示其语言、知识储备、生活常识、思维等各方面能力，可以说整个过程就是学生参与、学习、思考和锻炼的过程，也是写作兴趣培养、写作能力提高的过程。

（四）语言表述个性化

有人说，只要内容好，形式好不好没关系。这个观点是错误的，要知道内容跟形式是分不开的，哪里有形式乱七八糟的好内容呢？反过来说，有了好内容，必须用好的形式才能表达出来。好的语言，总是最为真切的语言。生动形象的语言描写源自对事物的细致入微的观察；独到的见解和深刻的观点必定是对生活有了一番深入的思考和理解；让读者心灵为之震撼、心生感触的语言一定是内心实在体验的真实写照。好的语言，读起来不矫情，让人感觉不浮夸，入情入境，最能引起读者的共鸣。好的语言，总是充满着智慧。它是作者对具体物象的抽象概括，是作者对现实的辩证思考。这种智慧不仅仅能将抽象奇妙的生活哲理用深入浅出的语言流畅地展现出来，还体现在能够用高层次的幽默语言自嘲和戏谑，增添了文章的愉悦性。好的语言，总是具有丰富底蕴的语言。首先好的语言具有雄厚的生活底蕴，能写出这类语言的人必定是一个视野开阔，经验丰富，对现实生活特别观照的有心人。其次，好的语言也是具备了深厚文化底蕴的语言，它旁征博引，穷通古今，精粹而厚重。最后，好的语言是具备了扎实的文字底蕴的语言，它用词丰富，语意传神，妙语生花，其妙无穷。写作教学生活化就是通过引导学生对生活现象、自然现象、事情和现实进行细致深刻地观察分析，在课堂中引入生活事件的同时，也带领学生走进生活，去参观，去春游，去参加游戏活动、辩论、比赛等，丰富学生的生活积累，鼓励学生在课堂和课外进行语言交际活动，为培养个性化语言补充素材。

三、小学语文写作教学生活化的意义

（一）促进写作教学方式的转型

有研究者在论文中表示，当代作文教学应当将作文技能推向作文素养，而这种作文素养是综合性、全方位的，有时并不能通过简单的作文教学实现，要靠整个的教育合力和学生的自我素养。而生活化的语文写作教学方式能够通过广泛的、与生活密切相关的写作教学活动帮助学生在写作时从室内空想走向现实场景，从而运用自己的观察能力和记录能力，实现有话可说、有内容可写，使其在一定程度上获得了相应的作文素养，同时从传统的应试型写作教学走向现代的体验型写作教学。因此，实行小学语文写作教学生活化是培养作文素养、促进写作教学方式转型的一个重大突破。

（二）唤醒小学生的生活感悟，提高学生的写作兴趣

赞科夫说过："只有在学生情绪高涨，不断要求向上，想把自己独有的想法表达出来的气氛下，才能产生出使儿童的作文丰富多彩的那些思想、感情和词语。"由此可以看出学生的写作热情对所写的作文质量有着重要影响。

通过实现小学语文写作教学生活化，语文教师通过采用情境教学、活动教学和体验教学等多种"特殊"的写作教学方式，让学生的身心充分参与到教学中去，这样既能够引导学生亲身体验生活、获得感受，同时也能帮助学生回忆自己的生活经历，以唤醒其对自身生活的感悟。在这样的方式下，学生在写作文时变成了自然而然的感情流露，写出来的内容充满真情实感，再也不是之前的生搬硬造。另外，写作教学生活化中使用的教学方式新颖、独特、充满趣味性，这极大地调动了小学生上写作课的热情。因此，语文教师带领着学生在活动中感悟生活、在活动中学习写作文，在很大程度上提高了学生的写作兴趣，继而写出的作文质量也得到相应地提高。

（三）培养小学生观察和记录生活的能力

如今，随着新一轮课程改革的推进，社会发展对小学生语文学习的要求已经不再局限于对语文知识的掌握，而更多强调的是小学生对语文能力的掌握情况。尤其是在语文写作环节上，小学生除了需要学习写作的知识技能外，还需要学会一系列观察生活和记录生活的能力。有研究者也在其论文中提到了观察能力训练在作文教学中的必要性，他认为写作创新离不开观察能力的提高，发展观察能力能够极大地满足小学生

的好奇心,继而激发他们表达出自己的观察感受,写出一篇高质量的文章。因此,实现小学语文写作教学生活化,能够极大地提高小学生的观察能力,其采用的活动教学、音频教学、角色扮演等教学方法,以及在写作教学前让学生提前观察所写作文主题有关的事物,这些都有利于培养小学生的观察能力,从而进一步提高小学生的写作质量。

另外,实现小学语文写作教学生活化在一定程度上也提高了小学生记录生活的能力。语文教师在其教学过程中会选取与生活相关的教学主题,继而采用故事演讲的教学方式,引导学生回忆与自己相关的生活经历,并帮助其以书面语言的形式记录下自己的生活,这种教学形式方便激发小学生记录自己生活的兴趣,从而让其爱上记录生活,爱上语文写作,而不是单纯地通过让学生写日记的方式来提高他们记录生活的能力。

(四)实现师生之间、生生之间的对话交流

传统的写作教学方式习惯把语文教师放在主角地位,他们大多通过多媒体课件演示单一地向台下的学生传授作文的写作技巧,而忽略了小学生真实的心理感受。因此,传统写作教学模式的弊端也逐渐显现出来:学生缺乏写作热情,难以产生表达欲,只会机械地模仿语文教师给出的写作模板和写作思路,使得写出的作文雷同。而语文教师在实行生活化写作教学时,课堂氛围轻松愉快,师生之间和生生之间可充分地进行对话和交流,彼此积极分享自己的生活经历,这激发了学生的表达欲和创作思维,写出的文章质量也有所提高。有研究者提出:"生活化写作教学尊重学生的个性差异,赞赏学生的独特性,鼓励学生自主学习和合作学习,在课堂上创设出宽松的对话环境,使学生真正成为写作学习的主人。"由此可以看出,小学语文写作教学生活化作为一种新型的写作教学方式,能够极大地提高小学生在课堂中的主体地位,广泛给予小学生口头表达的机会,增强了写作教学课堂的活力和包容性,并且积极建立起教师和学生以及学生与学生之间的对话关系,增进了彼此间的交流。

四、小学语文写作教学生活化的实施过程

在实际教学中,教师要以生活为中心,实现写作与生活的结合,要在发展学生主体、体现主体、张扬主体的原则上,以实践和体验为向导,引导学生走入生活,感受生活,获取生活化的写作素材和写作体验,并尝试在课堂教学中引入生活,创设生活化情境,使学生获得二次体验及对生活更深入的思考,从而激发学生的写作兴趣和表达欲望,实现个性化、生活化的写作。其具体内容体现在以下四个方面:

（一）走入生活

生活化作文教学改变课内讲解、课内写作的传统教学模式，主张学生生活化写作的第一步是走出教室，走入生活，在实践活动中体验生活、感悟生活，收集生活材料。当然，这里的生活不仅仅是指直接体验式的实践性生活，生活化作文教学中的生活理应包括直接性生活和间接性生活。在生活化作文教学中引导学生走入社会，是对社会万象的理解；指引学生亲近自然，是对世间万物的认识；组织学生参与活动，是对亲身经历的感悟，这些都是学生的直接性生活，是获取生活体验和写作材料最直接的途径。间接性生活主要是指阅读生活，即从媒体、书籍等媒介中获取的生活信息，在阅读中知晓他人的生活世界和外在的生活信息，使学生在走入他人的间接性生活世界中升华个人的生活和情感。

（二）感受生活

感知是认识的起点，对生活的实践要达到对生活的初步感知，在感知的基础上催发对生活意义和个人感受的发现和表达是生活化作文教学实施的第二步。生活化作文教学不能只停留在走入生活，更应该引导学生在体验和实践的基础上，用心感受生活、关注生活，形成自己独特、真实的情感，用生活化的方式记录自己的真情实感，记录自己对生活的感悟，记录自己对周围世界的认知，体会生活中蕴含的人生道理，坚持说真话、实话。

（三）引入生活

在生活化作文教学中，教师要创设生活化的作文教学情境，重现生活，实现学生对生活的二次体验、二次感悟，从而激发学生的写作兴趣，使学生在捕捉生活细节和整合生活写作素材方面得到方向性的指导，促进学生作文得到生活化的指引，启迪学生用正确的思维模式思考生活中蕴含的人生哲理，使已有认知经验与新的经验相结合，推动学生情感的累积和经验的生成，使学生在不断地加工、创造中激发全新的生活化写作体验。

（四）高于生活

作文来源于生活，又高过生活。这是作文教学的要求，也是生活对作文的呼唤。生活化作文教学的实施过程不仅包括走入生活、感受生活、引入生活，还包括对生活的升华。例如，参加体育比赛不能只看到跑了多少米，停留在"今天真是难忘的一天"，更应该是对体育精神的思考；陪妈妈买菜，不能只停留在"菜市场好脏啊""买菜真是一件苦差事"的肤浅感受上，更应该是对父母为子女无私付出的感悟。可见，引导学生在生活化作文教学中对生活进行更深入地升华和思考，写出来的文章才是真正意义上的生活化作文，更是形成学生正确价值观的关键。

第二节 小学语文写作教学生活化中存在的问题及原因

一、小学语文写作教学生活化中存在的问题

（一）教师对写作教学生活化的理解不够深刻

写作教学生活化作为一种新的写作教学理念首先应该得到一线语文教师的认可和理解，才能将其更好地运用到教学当中。由相关调查可知，大多数小学高年级语文教师都对写作教学生活化的理念有所了解，并且也相对肯定其对于小学高年级学生的有益之处。相关的调查问卷数据显示，大部分教师认为，写作教学生活化是选择与生活有关的写作主题和教学方式，从而指导学生写作，同时他们也仅仅是从学生的写作能力和写作学习本身来理解写作教学生活化的作用的。然而，写作教学生活化在概念界定中就已经提到，其除了有对学生写作方面的作用，还应该帮助学生养成关注自身生活的意识，并且明白生活是写作的源泉，从而能够更好地加深自己对生活的理解。由此得知，多数语文教师对写作教学生活化的概念缺乏全面的认识，仅仅将写作与生活生硬地联系在一起，并没有关注到写作教学生活化对于学生自身的影响。因此，语文教师在实际的写作教学过程中实现生活化教学的意识并不高，从相关访谈的结果中也可以看出，个别教师甚至还会沿袭传统的讲授写作教学模式，过分看中生活化教学是否对学生的写作水平、写作能力及写作习惯的提高起到作用，从而难以真正贯彻写作教学生活化的要求。

（二）生活化的教学目标设计特性不明显

写作教学生活化是近年来提出的一种新的写作教学理念，在教学目标、教学内容、教学方式等方面都区别于传统的语文写作教学。写作教学生活化在教学目标的设计上应该更加趋于让学生理解生活与写作的关系，从而使他们能喜欢写作，热爱生活。从相关的调查中可以看出，语文教师在教学过程中似乎不能正确把握生活化的写作教学

目标，部分语文教师在设计目标时还是未能脱离传统写作教学目标的影响，依然是从三维目标展开，过多注重写作知识与写作技能的教授，几乎将写作教学当作完成教学任务，并且也没有实现新课程标准中跟写作有关的"生活化"方面的要求，因此生活化的教学目标设计特性不明显。这种现象尤其在新教师身上存在较多，由于其自身经验不足，在备写教案的过程中相对缺乏整合的能力，并且其对学生的要求也仅仅停留在学习成效方面。从访谈结果中也可得知，为了应对考试，个别新教师对小学高年级学生的要求也只是写出一篇结构完整、语句通顺的文章。而对于老教师来说，他们在写作教学过程中的生活化意识相对强烈，操作起来较为顺利，但由于其对教学内容的熟悉和工作的繁忙，一般不会花很多时间在教案的备写上，所以他们对于生活化写作教学目标也缺乏一个系统的呈现。

（三）教学主题的选择过多地偏向于学生学校生活

写作教学主题的选择直接影响了学生的写作兴趣，所以在确定生活化的写作教学主题时，教师首先应该做到广泛选取生活中的题材，涉猎领域宽泛、创新，与生活联系紧密，这样才能够极大地激发学生的表达欲。由相关调查结果可知，高年级语文教师所选的写作主题基本来自教材，即教材要求写什么，教师就教学生写什么，虽然也有少数教师自主命题，选择课本以外的主题来让学生写，但实际上真正有能力突破课本进行创新的教师却很少。相关调查结果也显示，个别教师所选的写作主题带有一定的偏向性，即命题过多地倾向于学生本人的生活，很少关注到自然、人文生活等领域，甚至都没有社会生活方面的主题。这样选题过于狭隘，容易造成小学生只知道关心与自己有关的事情，只对自己的身边事感兴趣，而难以从小建立起社会责任感意识，并且学生的知识面和眼界也会受到一定的影响。同样，语文教师在选取与学生自身生活有关的写作主题过程中也存在一定的偏重，相关数据显示，个别教师偏向选取反映学生学校生活的题目，而较少选取反映学生家庭生活、娱乐生活、情感生活等方面的写作主题，这在无形中给学生的写作取材上了一层枷锁，抑制了他们思维的发散能力。因为如果大部分的选题都偏向于学生学校生活，那么学生写作的选材就失去了一定的创新性，他们就会时常将一些万能事例用于不同的作文中。

（四）多种生活化写作教学方式缺乏融合

语文教师的写作教学方式是影响学生写作成效的重要因素之一，多样化、创造性的写作教学方式能够快速调动学生的写作积极性并能够活跃学生的写作思维。因此，语文教师在写作教学时应该突破传统的讲写教学模式，在课堂上大胆创新，利用多种生活化的写作教学方式展开教学。通过相关调查可知，个别新手语文教师仍倾向于选用多媒体演示下的图片教学和音频教学这两种写作教学方式，依然较为传统，生活化效果不够明显。因为他们是根据写作主题来选择教学方式的，而图片教学和音频教学基本适用于所有主题，所以他们使用频繁。但这两种写作教学方式只会在一定程度上激发学生的写作兴趣，而且只能帮助学生间接感受生活，学生的亲身体验感不强烈，无法真正实现将写作与自身生活相联系。然而，大多数经验丰富的语文教师能够较好地使用到其它生活化的写作教学方式，如观察教学、活动教学和故事教学等，但其在课堂教学过程中将多种生活化写作教学方式融合在一起的能力不强，从教师的课堂教学片段中可以看出，他们有时只是单一地选择其中一种教学方式，有时会在融合过程中选用不当的教学方式。同时，在部分语文教师的教案和课堂教学中也发现，他们仍然没有脱离传统的写作教学模式，还会花很多时间在范文的分析讲解上，这种范文教学方式不利于实现写作教学生活化。由于部分语文教师在教学中不能正确融合多种生活化的写作教学方式，所以，学生的写作效果自然就不理想。

（五）教师评价缺乏对学生个性化真实体验的理解

写作教学的评价方式区别于其它教学评价方式，主要是以主观评语为主、客观评分为辅，因此语文教师的作文评语会对学生的写作改进有很大的影响。语文教师应该立足于生活评改学生的作文，在评改过程中应当对学生的真实体验和感悟进行理解。相关调查显示，一方面，部分小学语文教师在评改学生作文时仍然受传统写作评改方式的影响，过分看重书写、语言、内容、结构等写作知识和技能方面的掌握情况，但却忽视了学生真实体验的感受和真情实感的表达。学生作文中的教师评语鲜少有评价学生情感的语句。同时，小学语文教师的生活化评价标准也过于片面，他们基本集中于看待学生的作文本体与生活的联系程度，而忽视了学生在生活化写作学习过程中对写作知识以外的能力获得情况。另一方面，个别小学语文教师对学生的写作评改方式基本是以自我为中心，以教师评改为主，没有给学生自评和生生互评的机会。而《义务教育语文课程标准（2011年版）》中明确提到小学第三学段的写作目标之一是"懂得写作是为了自我表达和与人交流"。小学语文教师在写作评改上过于强势，习惯用自己的标准来审视学生的作文，用自我认知代替学生认知，忽视对学生个性化真实体验的理解。

（六）写作兴趣：丢失生活化的写作动机

"兴趣是孩子最好的老师"，兴趣也是学生写作的动力。兴趣的发展经历着以下三个发展水平：第一个发展水平是有趣，它是兴趣发展的低级水平，很不稳定，常与新鲜感相联系。第二个发展水平是乐趣，是在有趣定向的基础上形成。兴趣变得专一，做事不觉辛苦，乐在其中。第三个水平是志趣，是兴趣发展的高级阶段，当乐趣和一个人的社会责任感、理想和奋斗目标相结合时，乐趣就变成志趣。

由此可见，有趣的写作是生活化作文教学的基础，这样才会让学生乐在其中，在生活化的作文课中成为志趣高雅的少年。但在对学生生活化写作兴趣的调查中发现，部分学生并不喜欢写作，作文课中经常出现不会写、不懂写的现象，并且学生通常将得到表扬、作文被刊登、能考取好成绩作为写作动机。个别教师则认为训练学生写作的目的是应付考试作文，是为了让学生获得好成绩。由此可以看出，生活化作文教学仍缺乏生活化的动机倾向。陶行知先生一向主张生活教育的目的在于培养具备生活力、创造力的"真人"，强调真实的重要性。生活化作文也要求写含有生活意味，能够真实反映内心世界和现实世界的"真作文"。写作的目的是对生活的反思与记录，是以语言文字符号创造性地表达出自己的想法、感情，培养关注生活、热爱生活的"真实的人"。因此，将表达自己的内心感受作为生活化的写作动机才能激发学生的写作兴趣。然而，由外部动机的驱使非生活化写作导致了学生发自内心地写作、愿意写作的意向和兴趣越来越薄弱。长此以往，学生产生了害怕作文课、"闻作文色变"的心理，逐渐对写作失去了兴趣，丢失了生活化的写作动机。

（七）写作内容：缺少生活化素材

"生活化作文"的特点之一是"真"，一方面强调要做会写文章的"真人"，另一方面要求写作内容的"真实"，拒绝抄袭、空话、套话。然而，在对学生进行的相关调查中，部分学生表示自己的作文与平时的生活、学习并无太大关系，写作材料靠上课听讲或者电视、网络等，写作时胡编乱造或是照搬作文书上的片段，缺乏真情实感，"泛大空"现象突出。究其原因，学生平时没有形成积累生活化素材的意识和习惯，缺少生活化素材。古人有言："巧妇难为无米之炊。"在作文教学中，"米"指的是素材。没有素材支撑的作文即使辞藻华丽、文笔流畅，读起来也是空洞无物，零零散散。作文根植于生活，素材也理应源自生活，然而，部分学生的作文素材来源于读物或教师的讲解。从书上看到的是别人在生活中搜集到的素材的总结与创作，从教师那里听到的是教师自己亲身经历的或是教师从别人身上听到的故事，因此学生只能在这些材料的基础上"胡编乱造"，将他人的东西归结为自己的东西，将他人的生活改编成自己的生活，更有甚者脱离了生活实际，天马行空。学生作文内容过于宽泛，缺乏主线，往往跑题；作文内容太空，缺少生活素材，显得太虚假，没有事实依据，没有真情实感，难以让人信服。没有亲身体验生活就没有真实的见闻、情感，凭想象或道听途说而虚构出来的作文就不是"真作文"，也不是生活作文，不但没有自己真情实感的流露，也没有对自己生活的反思。

二、小学语文写作教学生活化中存在问题的原因分析

（一）受传统作文教学影响大

通过查阅相关文献，语文写作教学生活化是区别于传统作文教学的一种新理念，它所强调的写作对象是真实的生活世界；教学的基本目标是使学生拥有一般的写作能力以适应未来的生活与工作；最终目的是实现学生书面语言运用能力与其思维水平、人格修养之间的相互促进、和谐发展。总之，它是以学生的终身发展为根本的。众所周知，传统作文教学模式依然是以教材、课堂、教师三者为中心，教学目标始终局限于学生的写作知识和写作技能层面；教学主题基本依赖教材，题目的创新度不够、涉及的生活面不广；同时，还坚持单一地讲、写作文教学方式和"学生写，教师改"的作文评改模式等，这些传统作文教学的弊端阻碍了写作教学生活化实行，导致很多语文教师在实行生活化写作教学时比较机械，甚至是打着写作教学生活化的幌子实行着传统作文教学。例如，小学语文教师在生活化写作教学过程中会选取与生活有关的题材给学生练写，但常常体现的生活化仅止步于此，在随后的教学方式中还是依然以知识教学为主，依据范文讲解作文的开头、中间、结尾该如何写作，帮助学生规定某个主题的写作模板等。在长久的应试教育背景下，这种知识型的传统作文教学模式在一定程度上可以帮助学生提高写作分数，所以从这个角度出发，语文教师在短时间内，难以摆脱传统作文教学模式而进行全新的生活化写作教学。

（二）教师的生活教育观念淡薄

陶行知提出，"生活即教育""有生活就有教育"。陶行知先生的生活教育思想明确指出，教师应该将教育与生活联系在一起，在教学过程中注重培养起学生的生活意识。还有人认为："语文是一门与人的生活和发展有着密切联系的学科，它在实际生活中承担着许多人文精神与责任，有着很强的综合性、实践性，与生活密切相关。作文恰是语文这一学科中最能体现语文的综合性与人文性相统一的领域。"部分语文教师过于将目光集中在学生的作文得分上，选择一切有利于提高学生成绩的写作教学方法而忽略了生活化教育，从而导致教学行为出现偏差，背离生活。这也是部分小学语文教师对写作教学生活化的理念认知不到位、贯彻力度不够的原因。

（三）受教学资源和条件的制约

写作教学生活化区别于传统作文教学，其对于教学资源和教学条件都有较高的要求。传统的作文教学基本是以室内课堂教学为主，教师只要依据教材开展教学即可。但生活化写作教学由于其自身的特殊性，常常要求教师运用活动教学、观察教学、故事教学、游戏教学等多种教学方式，开展这些教学方式需要具有一定的条件，对所在学校和语文教师都提出了很大的挑战。首先，需要考虑学校是否能提供一系列丰富多彩的教学实践活动；其次，需要考虑教师是否具备开展这些教学方式的能力和素质；最后，还要考虑教学课时是否充裕，从而便于这些教学方式的实行。由此可以看出，学校资源、教师素质和教学时长是写作教学生活化得以开展的三个重要条件。然而事实上，这三种条件在学校的写作教学过程中常常受到约束，据相关调查，个别学校基本安排了每周两节写作课，两节连上共90分钟，其中第一节课由教师来讲，第二节课供学生当堂写作，所以实际的写作教学时间只有一节课，即45分钟，而在这45分钟里，实际上很难开展具体的活动和游戏教学，同时语文教师也需要花费较多的时间在这些生活化写作教学的备课上，其精力和素质都受到挑战，因此生活化写作教学也就受到一定的限制。

（四）教师忽视了对学生作文教学的生活化指导

教师对学生作文教学生活化的引领是做好生活化作文教学的基本要求，也是写好生活作文的关键。学生写作缺乏生活气息、生活写作素材的匮乏、写作兴趣的缺失等问题的出现，都可以说是因为教师对学生作文教学生活化指导的忽视。

1.作文教学局限于课堂，学生的生活体验不足

刘国正先生在阐述语文教学与生活的内容时，曾这样描述："教室的四壁不应成为水泥的隔离层，应是多孔的海绵，透过多种孔道使教学和学生生活息息相通。这样，会使教学充满生气，使语文训练多趣而有效。"语文教学要实现与生活的结合，首先要打破教室的围墙，将学生放归"森林"，作文教学亦是如此。"学校生活只是社会生活一部分，学校不是道士观、和尚庙，必须与社会生活息息相关"，外面的世界很精彩，课堂以外的世界的确蕴含着很多从书本上学不到、看不到、闻不到的东西。写景的作文，不去大自然里看花、识草，如何感受春天的气息？写活动的作文，不参加活动，不与人打交道，如何描绘出热热闹闹的画面？写观察类的作文，不去观察行色匆匆的路人，不去研究花开花落的周期，如何写出真实的、绘声绘色的作文？据相关调查，尽管学校有丰富多彩的活动，但是依然有部分学生因为"要考试，要复习，要

做作业，要以学习为主"等多种理由拒绝参加，学生一天时间的三分之二都在学校度过，如果连丰富多彩的校园生活都不能认真体验，更别说家庭生活、社会生活了。单一的生活，四周的围墙，每当写作时只能坐在"囚笼"中，冥思苦想，写不出只能编，编不出来只能抄，写作内容虚假，写作素材又缺乏，课堂没有一点活力，写出来的文章离题万里，空话连篇，学生没有真情实感，没有创新能力。

2.教师缺乏对学生"关注生活、积累生活素材"方面的指导

个别教师忽视了对学生作文教学的生活化指导，尤其是缺乏对其关注生活、积累生活素材的指导，导致学生写作时没有素材可用、没有事件可写、没有感情可抒发，写出来的内容千篇一律。《义务教育语文课程标准（2011年版）》中提出，"应引导学生关注现实，热爱生活，积极向上，表达真情实感""观察周围世界""养成留心观察周围事物的习惯，有意识地丰富自己的见闻，珍视个人的独特感受，积累写作素材"。由此可以看出关注生活、观察周围世界在作文教学中占有重要地位，有利于学生积累生活素材，充实写作内容。实际教学中，教师往往缺乏对学生的生活化指导意识。学生参与的每一个游戏，与他人交往产生的情感都是作文中最真实、最童真的材料，对于心智未成熟的学生来说，教师应指导学生带着写作目的、有计划地关注生活中的每一件事，体验生活中的点点滴滴，一方面是为获得真实的、最直接的生活素材，充实写作内容，另一方面也是为把学生培养成热爱生活的人，尝尽人间百味，挖掘生活中的文学艺术。

（五）教师作文教学评价劳力不劳心

陶行知认为真正的生活教学法是"教学做合一"，在劳力上劳心，即教、学、做是一件事，不是三件事。对于事来说是做，对自己来说是学，对他人来说是教。生活化的作文评改也要坚持"教学做合一"的方法，批改作文是做，对教师来说是学习如何批改，学习当下作文的书写，对学生来说也是教，教学生如何改，教学生发现问题，教学生解决问题。教师批而不指点，学生写而不改，作文教学是没有进步的，是一件"劳力不劳心"的事。另外，"劳力不劳心"还强调学习与创造，对于生活化的作文评价而言，要注重的不仅仅是传统的量化评价，还在于质性评价，即要有开拓思维，树立创新意识，不拘泥于传统的批改标准和批改方式，尝试放开双手，多人评说。并且关注生活性的生成，多方面考虑学生的生成性过程，对学生修改作文时候的态度、过程、方法也要评价，体会学生的心境，而不是仅仅停留在作文批改的表层，这样才能做到在劳力上劳心，充分实现教学做合一。然而，通过相关访谈以及日常的观察、交流发现，部分教师在作文批改方面的教学责任意识不强。他们认为小学语文教师的

教学任务多而繁，除了日常常规教学工作，还要听课、评课、教研，并且承担和组织学校各种各样的益趣活动，诸如"十二月节"活动、德育工作、社团活动等。在与小学语文教师交谈中，他们甚至坦言面对全班几十篇文章，要一字一句仔细斟酌是不可能的事，也没有时间和精力去完成，因此只会挑取部分代表性学生的文章进行批改。有的教师批改了全部作文，但只是快速地浏览，平均2—3分钟改完一篇，只看开头、结尾，中间快速浏览，有的细节描写会着重给分，有的优美语句会画出，最后以一个"好"或"ABCD"等级定分，有的会写上寥寥几笔评语。由此可见，教师低下的工作热情和责任意识，劳力而不劳心的作文评价导致学生作文的批改工作越来越形式化，评价方式单一，评价标准不合理，为了打出分数而改，为了完成工作而改。

第三节　小学语文写作教学生活化的改进策略

一、引导小学生走近生活

叶圣陶先生将生活比作写作的源泉，有了充实的生活，才会有所感悟，自然就会有好的文章出来。而个别语文教师认为语言文字是工具，语文课就是语言课。因此，在作文教学中，语文教师一直运用这个工具来解决语言修辞、篇章结构、文章模式、写作技巧等问题，而跨越了作文内容这一必要阶段。而在教师给出作文题目后，首先出现在学生脑海的是"该写什么"，即写作内容应该是什么。这就有些主客颠倒，我们长期倡导学生表现个性，写作时候也要个性鲜明，殊不知这特点基本上就是从文章的内容来体现的。无论写作技巧也好、文章模式也好，都是有章可循，互相通融，而只有内容才是百家齐放、各有千秋。因此，即使让学生掌握过硬的写作技巧、遣词造句等，但学生是远离生活的、忽略生活的，就像小溪失去了源头，那么学生写出来的文章也必然是黯然失色，失去生气的。通过相关调查发现，个别小学生因为繁重的学习压力而无暇顾及周边发生的事情，写作文和生活似乎成为两个互不相干的事情。因此，在无法改变应试教育这一客观现实下，教师应当给予学生走出校园、走近生活的机会，开发写作资源，帮助学生将"生活"这一"活水"引入作文教学课堂中。

（一）让小学生从实践中积累、感悟

以下列举一个案例进行详细说明。

授课内容：《我最喜欢的玩具》

授课类型：作文课。

师：各位小朋友，你们一定有许多玩具吧？你们的玩具一定有许多独特的地方，下面就请把自己的玩具介绍给你们的同伴，好吗？开始！

学生自由交流。

师：接下来，我就请小朋友们来说一说、玩一玩你们最喜欢的玩具。大家愿意吗？

生（齐）：愿意！

师：那谁愿意先说？

学生积极举手参与，课堂气氛十分热烈，并把成果贴在展示板上。

师：同学们说得各具特色，老师很喜欢每个小朋友的玩具。那请小朋友们拿起笔，把你们喜欢的玩具绘画下来吧！

这个教学的可借鉴之处就在于，学生在介绍玩具的时候得到了走近生活，和生活接触并观察生活的机会。这样不但让小学生学会了与人交流的技巧，提高了小学生的写作能力，而且还增强了小学生对于生活中的事物的敏感性。这样的设计理念来源于陶行知先生主张"从做中学"的观点，强调写作的素材、写作时表达的感情都要来源于"做"，来源于实践。由此，小学语文教师可以通过开展"专题课"的方式引导学生行动、参与实践。每节作文课都有一个专题，让学生围绕这个专题去深入生活。如以"在家里，我学会了××""介绍爸爸妈妈的工作"等为主题来进行作文训练。要写出有关这样题目的作文，学生必然会去参加生活实践，那么学生的写作来源问题就可以得到解决，进而减少了写作千篇一律、缺乏个性的弊端。作文里体现的生活感受、情感体验也必然就是真实的，学生的思考也必然是有据可循的。这样就能逐步培养学生的写作兴趣，学生也会积累更多的写作素材。通过这样的教学引导，学生的写作已经是成功一半了。

（二）创设情境，唤醒小学生的生活记忆

由相关调查可知，有一部分学生还是愿意、也能够把生活中的事情写进作文里。说明学生还是有自己的生活的。有的时候教师给出的作文题目还是跟学生自身的生活有契合点的，只不过有的学生的头脑不那么开阔，这就需要教师创设一定的情境，唤醒学生生活中的记忆，让学生能回到生活情境之中，使学生的大脑活动起来，调动学

生在生活中经历过的感受和体验，学生的写作欲望、表达欲望就被激发出来，接下来的动笔写作就变成自然而然的事情了。教师可以借助文字提示加上各种有关图片来展现有关的情境，用生动的语言和相关的音乐、朗诵等将学生引入情境，这样学生自然会去回忆出生活中相关的经历、思考出人生的感悟、总结出属于自己的哲理。这类似于"头脑风暴法"，教师提出各种观点，以启迪学生，激发学生灵感，形成写作的思路。

下面以《来之不易的××》作文指导课为例，具体阐述一下唤醒学生生活记忆的教学方法。

1. 简单引导，调动氛围。

师：亲爱的同学们，在我们的生活中，有许许多多的东西都是来之不易的，那你们认为都有什么东西是来之不易的呢？

生（七嘴八舌，脱口而出）：粮食、成功、钱、学习机会等。

这时候学生只是凭着自己的第一反应回答的，还没有经过深思熟虑，没有感情的介入。

2. 图片展示、音乐衬托，调动记忆、调动情感。

师：同学们认为有这么多的东西都是来之不易的，老师也认为有些东西是来之不易的，因此想跟大家分享一下。

教师根据主题展示图片、播放背景音乐。

图片提示语：同学们敬佩这些成功的人吗？那么，在你们身边是否也会有经过千辛万苦获得成功的人？他也许就是你的爸爸妈妈、爷爷奶奶。你是否也在书中或电视上看见过类似的事迹？你们愿意把这些事情和其他小朋友交流一下吗？

以上教学方法的心理学依据是记忆的准备性。所谓记忆的准备性，就是指"它能使人及时、迅速、灵活地从记忆信息的储存库中提取所需要的知识经验，以解决当前的实际问题"。记忆的准备性是记忆的持久性、敏捷性、准确性的综合体现。据相关调查，有些学生是乐于表达的，而大部分学生也有来自生活的情感体验，但是由于某些原因而让这些触动情肠的场景一扫而过了，但是这种情感体验是无法抹去的，当有相似的场景出现时，他们的情感体验又能够被唤醒。这样被唤醒的记忆和激情是来自学生自身充实的生活的。营造一个合理的情境，经过教师个性化的引导，学生一定会争先举手，急于表达，写出的文章也必然内容充实，感情真挚。

（三）运用观察法，让小学生做生活的有心人

叶圣陶先生曾在《作文论》里提出，"人类是社会的动物，从天性上，从生活实际上，有必要把自己的观察、经验、理想、情绪等宣示给人们知道，而且希望愈广遍愈好"，

"由多观察，方能达到多经验"。叶圣陶先生对于观察的方法、细致和耐心在他写的《爬山虎的脚》这篇课文中得到充分体现，这篇文章也被选入"统编本"小学语文四年级上册。可见，观察能力的培养是十分重要的。要指导学生观察的策略和方法，这不仅有利于开阔学生的视野、提高学生思维的广度和深度，而且还有利于培养他们求真务实的学习、生活作风。

1. 树立观察意识，激发观察兴趣

好奇可以促使个体对新奇的事物去观察、探索、操弄、询问，从而获得对环境中诸事物了解的一种原始性的内在冲动。只有小学生对周围事物产生好奇心，才会主动、有意识地去观察，才可以获得对生活世界的进一步认知，因此激发学生的好奇心，帮助学生树立观察意识和观察兴趣是观察的起步。处于具体运算阶段的小学生虽然具有明显的逻辑性和符号性，获得了守恒的概念，但是此阶段的儿童仍然局限于具体的事物和日常经验，缺乏抽象性，所以在作文教学中，对小学生来说，具体事物的感知非常重要。在日常教学中，教师应当以学生的视角发现新奇的事物，激发学生的观察兴趣，引导学生关注生活，做生活的有心人。

2. 观察有原则

在北京著名特级教师刘朏朏提出的作文观察训练法中，详细阐述了观察训练的四大原则：一是有本。强调要从我们的国家培养适应新时代需要的人才出发来训练学生作文，将提高学生的思想认识与提高学生的表达能力统一起来。二是有用。强调作文的过程即是从生活中发现问题、分析问题、解决问题的过程，将提高学生的作文水平与解决实际问题的能力统一起来。三是有序。强调不断地探索学生作文的心理特点与发展规律，寻求最佳的训练方案，将循序渐进和因材施教统一起来。四是有望。强调活跃学生的思维，调动学生的写作积极性，将作文的现实效益与长远效益统一起来。观察的本质是为了学生的发展，为了提高学生的思维能力、表达能力，培养学生的语文核心素养。观察不是简单地为观察而观察，观察的目的是为作文服务、为生活服务，同时强调在观察中要遵循有序性原则。

3. 观察有方法

第一，观察要有顺序。观察事物时，一般按时空顺序进行有序观察，可以由上到下、由远到近、由整体到局部，也可以按照事物类别、春夏秋冬、日月更替等进行有序观察。例如，在《走，秋游去》的写作教学中，明确要求"按照游览顺序记叙秋游过程"。教学时，教师要帮助学生对自己的个人经历进行回忆，使情境得到再认情境。同时，给予学生交流的空间，鼓励学生自由和有创意地表达，不仅可以帮助学生回忆场景，而且增强学生的语言文字运用能力，在愉快的交谈中反馈个人的生活体验，分享自己的真情实感，以达到说真话、实话、心里话的目的，培养学生有意识地关注周围世界，热爱生活的意识。

《走，秋游去》作文教学实录如下所示：

师：同学们，一起朗读一下写作要求，说一说本次写作提了什么要求。

生（齐）：要求写一篇游记，并按照游览顺序记叙秋游过程。

师：上一次学校组织去极地海洋世界秋游，本单元作文恰好要写一篇游记。大家分享一下，在上一次的作文初稿中，大家是按照什么顺序来写？

生1：我用了"首先……接着……然后……最后……"表示时间顺序的词。

生2：看到的动物，企鹅、北极熊、水母……

师：对，还可以以动物类别为序。我们学习了《松坊溪的冬天》，"远方披着雪，石桥披着雪，溪石披着雪"，这是按由远到近的方位顺序写文章，我们也可以学习按照方位顺序来写观察到的事物，由上到下、由远到近等。例如，有的同学在写小江豚的时候可以从由下到上来写，写它们在水中游，再写跃到空中时的情景。你还想怎么写呢？

生3：我想按照时间的顺序写，"早上到……中午去……下午……"

生4：写水母时，我觉得可以按照从头到躯体再到脚的顺序来写。

学生作文：

"接着，我们来到了水母馆。你瞧，这些水母真是太可爱了！小水母们顶着半圆形的头，拖着长长的'辫子'游动，彩灯照射下来就像一个个在水里游动的彩色降落伞，又像撑着一把把美丽雨伞从天而降的小仙女，更像一个个技术高超的舞蹈演员，在水中尽情舒展肢体跳着轻盈的芭蕾。"

分析：该同学在游览中进行了有顺序、有目的的观察，积累了丰富的生活经验和写作素材，在写作教学中，教师帮助学生再次回忆、交流，实现二次体验，促使学生写出来的文章生动、真实。该同学按照游览顺序"接着来到水母馆"，再细致地从"头部—躯体—触须"描写水母游动的情景，描写细致，构造有序。由此可见，一篇充满生活味的作文自然离不开对生活的观察、参与。

第二，观察要全面。从事物的细节和特点开始进行观察，开展至事物全身、事件发生的全过程，对观察对象进行全方位的把握，防止写作时以偏概全，加深对事物的了解，增加作文的细腻化、丰富性。对事物的观察，要从多个角度进行把控，正所谓"横看成岭侧成峰，远近高低各不同"，从不同的角度进行观察会给人带来不同的感想与感悟，如观察小狗，可以按照小狗的五官—四肢—肤色—外貌等顺序进行观察，也可以按照小狗初到家—与家人相处—小狗离世的成长过程等顺序进行观察。从不同角度进行观察，就会产生不同的情感，如观察外貌，会觉得小狗活泼可爱；观察奄奄一息的小狗会心生怜悯，难舍难离。这时候，再将所见所闻所感写成作文，真实动人，饱含情感。以下以"统编本"小学语文五年级上册中的《松鼠》的教学片段为例进行详细说明。

师：读了课文，你能说说松鼠给你留下的最深刻的印象是什么吗？

生：美丽、可爱、机灵……（学生各抒己见）

师：谁能结合文中的语句，说一说自己的感受？例如，"你从哪些语句感受到它美丽？从哪些语句感受到它可爱？从哪些语句能感受到它的机灵？"等。

学生从文中分别找出描写松鼠外形的段落，找出了描写松鼠的活动、打窝和吃食的段落，并浅谈自己的感受。

师：是啊，多么可爱的松鼠！学完这篇课文后，请你想一想，作者是怎样描写小松鼠的呢？

生1：写它的样子非常漂亮。

生2：写它吃食的样子和神态很可爱。

生3：写它在树枝上活动很机灵……

师：作者对松鼠的描写很完整，不仅细致地描写了它的美丽外形，还介绍了它的生活习性，因为作者全面的观察，我们才能对松鼠有一个全面完整的认识。

师：同学们，再想一想，作者为什么能把松鼠描写得这么可爱、这么生动？

生4：因为作者写松鼠的外形时，写了"小眼睛闪闪发亮、皮毛光滑得好像搽过油，毛茸茸的大尾巴"等，这些是它的外形特点。

生5：我觉得作者把松鼠打窝的过程写得很完整，"先……再……然后……"而且还写道"要把苔藓压平、踏紧"，可见作者的观察十分仔细。

师：说得真好！正因为作者观察得细致，才能写出松鼠生活习性中最具代表性的细节方面，抓住它的特征。作者通过"全面"而"细致"的观察带给我们一个鲜明生动的形象，我们眼前仿佛浮现出一只美丽可爱的小松鼠。

教师相应地布置一篇课下写作：写一写你喜欢的小动物。注意先观察它的外形，并抓住外形特征；再观察动物的习性，从吃住到活动，如它吃东西是什么样子，睡觉是什么样子，活动是什么样子……

分析：教师巧妙地结合课文《松鼠》，通过启发学生说出"怎么描写小松鼠""为什么能把松鼠描写得这么可爱、这么生动"，得出观察要细致、全面，观察要有顺序，抓住主要特征进行观察，进而引导学生对生活中的事物进行观察、写作。

第三，引导观察和自由观察相结合。引导观察是指在教师的引导下，确定了观察对象、观察计划，共同完成观察活动。整个过程中有师生的参与或生生的共同参与。而自由观察是指自己确定感兴趣的观察对象，在没有教师的参与下进行的观察活动。但是，自由观察并不是没有计划的观察，也不是走马观花的过场，自由观察重在强调自己的兴趣所在，观察时需要自己确定对象、计划、目的，能够娴熟掌握观察方法，全面而细致地进行观察，是在教师指导观察的基础上更高要求的观察。《义务教育语文课程标准（2011年版）》中指出，"观察周围世界，能不拘形式地写下自己的见闻、感受和想象"，"养成留心观察周围事物的习惯，有意识地丰富自己的见闻，注重个人的独特感受，积累写作素材"，自由地对周围世界进行观察，彰显个性，获得独特的见闻和感受，二者的交替使用和相互结合，一方面激发学生的兴趣，另一方面使观察材料更丰富。引导观察一般要结合作文主题对事物进行观察，如写"一次特别的活动"，可以结合校园的益趣活动、十二月节活动，有目的地确定观察对象，可以是沙画、机器人制作、邮局生活体验等，可以观察制作机器人的步骤，可以观察沙画的制作，还可以对参与这些活动的小伙伴们进行观察。

自由观察除了对校园生活进行观察，还涉及对社会生活、家庭生活的观察。陶行知提出生活中处处是教育，处处是作文，所以，要用审视的眼光看周围世界，用思辨的态度发现社会现象，了解社会现象，认识世界、认识自我。同时，教师要把学习权、观察权还给学生，让他们自己去观察，相信学生，陶行知曾提出以下"六大解放"：一是解放头脑，使他能想；二是解放双手，使他能干；三是解放眼睛，使他能看；四是解放嘴巴，使他能谈；五是解放空间，使他能到大社会里去取得更丰富的学问；六是解放时间，使他学一点他自己渴望要学的学问，干一点他自己高兴干的事情。这便是对学生"自由观察"最好的诠释，给他方法，还他自由，做自己想做的事，观察自己想观察的东西，积累自己想要积累的素材。

二、立足生活，指导写作技法、修改作文

我们前面已经解决了学生写作来源与内容的问题，写作的材料有了，学生的表达欲望已经被调动了起来。然而，材料并不能杂乱地堆砌在那里，需要好的方法把想要说的话表达出来，让别人读懂、体会写作的意思。由此可见，指导学生"怎样去写"在作文指导中也是非常重要的一个环节。在作文教学指导时，教师要改变以往的灌输式写作指导方法，要注重将写作方法指导和学生的生活结合起来，保证学生的主体地位，调动学生的自主性，避免越俎代庖，阻碍学生的思考。

（一）写作技法指导

1. 引导学生多做课外阅读，潜移默化掌握写作方法

叶圣陶先生认为，从前的人学做文章都注重诵读，往往说，只要把几十篇文章都读得熟练，自然而然就能够下笔成文了。鲁迅先生也是通过阅读大量的外国短篇小说，才学会了短篇小说的形式及把生活中经历的事情提炼、集中的方法，曾有过的"没法使大家知道"的困扰也随之解开了。古龙的文风就是受多人的影响形成的，如福楼拜、海明威、杰克伦敦及中国的李白等，写出的武侠小说自然也是出神入化、文风多样，令读者回味无穷。因此，教师要引导学生多做阅读，学生自然会在潜移默化中吸收其中的写作知识，体悟出各类文章谋篇布局的基本模式、丰富的写作技巧和方法，从而将其内化为自己的写作技能。长此以往，学生的能力自然得到提高，写作技巧也自然纯熟了。并且，多做课外阅读也能增强语感，受到良好的文学熏陶，更能开阔视野，丰富知识储备。

2. 用教材教，磨炼写作方法

语文教师在进行教学的时候，要充分挖掘教材的"样本"范本作用。在叶圣陶的语文教学论里，课程的主要内容，是怎样读、怎样写的方法。

3. 多做练习，有效运用

"多读心中有本，勤写笔下生花"，学生从阅读、讨论中学到的写作技巧是为抒写生活、呈现精彩作品服务的，所以学生必须在写作实践中进行练兵，才能将写作知识内化为写作能力，否则只是"纸上谈兵"，在日常生活中的写作任务面前，依然是不知所措。教师应当利用学生学了新东西就立刻尝试的心理，引导学生及时演练，在作文训练中提高写作能力。

（二）注重学生主体地位，改进作文修改方法

教师传统的作文批改习惯是，精批细改，无论是字词、语句、语段都会修改。只要是布置学生写作，语文教师就会不惜辛劳，耗费大量的时间精力进行批改。然而，语文教师如此批改之后，有的学生并不"买账"，反而会觉得教师的修改加重了他们的畏难情绪。而学生拿到作文之后，只是看一眼分数，即使想改作文也是无从下手，因此便把作文扔到一边，不再过问。面对这种情况，教师在批改学生的作文时也应该以学生的生活为基本的理念，在作文教学中充分调动学生的主体性，让学生参与到作文的修改当中，以学生的生活、思想为主进行修改。

1. 尊重学生主体的独立体验和感受

在进行生活化写作评价时，教师所给出的评语和评分不能仅以语文写作技能的掌握情况为评断标准，还应更多地侧重于对学生个性化真实体验的理解。殷孟军在其文章中写道："写作评价应当尊重主体的独立感受，教师在评阅学生写作时，不能以成人眼光和教育者的生活经验来评价学生的表述。"因此，语文教师在评改作文时不能只看其中华丽的辞藻，而应该注重小学生的表达是否正确、恰当地符合自己真实的想法和感悟。所以，小学语文教师在评价一篇小学生的作文时，应当充分尊重学生个体在内容和表达等方面的差异，以小学生的视角和观点来看待其写作，并且针对学生的个性化真实体验给出自己相应的评语和指导建议，在评价中鼓励并肯定小学生所表达的自身生活经验和生活感悟，让其明白写作不过只是生活中一种轻松的、与他人交流和对话的方式而并非考核他们的一种手段。只有这样，小学生才会敢于写出自己的心里话，敢于表达出个人的独特感受，从而不再畏惧写作文。

2. 选择多元化的评价标准

传统的写作评价往往只注重结果性评价，而忽略了动态的写作过程、学生的修改情况、作文的反馈情况，呈现一个静态的评价过程，评价内容单一，缺乏指导性。《义务教育语文课程标准（2011年版）》分别从写作前、作文中、写作后等方面对写作评价提出了明确要求。

全国特级教师李吉林也曾提倡情境作文应该从以下五个方面进行评价：一是写作兴趣；二是观察生活；三是题材丰富；四是范文引路；五是口语、书面及生活体验的结合。总结来说，作文评价标准的制订都指向作文内容本身及生活本身。评价的重点不仅仅是在作文本上打出一个分数，就内容评价而评价，而是对学生写作全过程的评价，包括写作目标和写作内容、写作情感与态度、写作过程与写作方法、写作知识与能力等全方位的评价，因此生活化的作文教学评价应该是动态与静态的结合，是一个以生活为中心、以人为本的评价过程，是作文评价动态化和生活化的具体体现。具体来说，首先，对作文内容本身进行静态评价，即语言、结果、内容方面的基础评价，包括选题立意、布局谋篇、字词句的表达、细节的描写等。其次，要加强对学生动态化的生活化作文评价，在积极关注学生写作的同时，关注学生的写作生活。最后，要评价学生写作前的情况，即材料准备过程的评价，不仅要具体考查学生占有材料的丰富性、真实性，也要考查他们获取材料的方法。

随着中国社会的不断发展，陶行知生活教育思想得到不断地发展，这不仅是一个动态的发展过程，而且是与时代生活息息相关的，可以说，在陶行知生活教育思想的指导下，评价过程也应当是动态的，并且要与学生的生活相联系。生活化作文的评价要对学生的材料准备过程、生活化写作素材进行关注,实际上就是对学生生活的关注、对学生个体的关注,使学生在"教学合一"的方法中学会生活化写作素材的积累和整合。另外,要评价学生写作的态度和情感,学生写作时应该要"立诚",情感真实,态度诚恳,没有抄袭和胡编乱造的情况。同时,要对学生的修改作"回炉"评价,不能止步于修改前的评价。要确认学生是否对作文内容、文字表达进行了修改,修改之后是否比前一次有进步,也要关注学生修改作文时的态度、过程和方法,是否按照要求去修改,是否认真完成了修改等。将写作前、写作中、写作后的动态过程,作文的谋篇布局要求,学生的情感态度、知识能力、过程方法等作为写作的评价标准和评价内容,一方面通过写作评价学生的生活,关注学生的生活和学习情况;另一方面,鼓励学生写作,触发学生的写作和修改体验。因此,评价学生作文可以分为两大部分,即语言(字词句与书写)、结构(标点与段落)、内容(细节描写与事例)等静态学习能力方面的评价标准,以及材料(材料搜集)、态度(写作态度与修改积极性)、情感(真实性与生活性)等动态生活性生成方面的评价标准。生活化作文评价要积极关注学生的学习水平和学习品质。

另外,陶行知强调"真",生活要真,教育要真,生活化作文评价亦是如此。生活化的作文教学不仅要求学生写作内容要真实、情感要真切,教师对学生作文的评价也要真诚,语言不能泛、大、空,更不能只停留在学生作文的不足之处或以"构思巧妙、写得很好、表达清楚"等评价语笼统概括。学生写作是为了沟通生活,与他人进行交流,那么教师对学生的写作评价则是实现教师与学生的对话,教师的评价在于与学生情感的交流、内心世界的沟通,尝试以学生的角度关注他们的内心世界、了解他们的生活、领悟他们的感受。用真诚的语言评价学生的作文,这样不仅有利于学生主动接受教师的修改意见,而且增强教师对学生的了解。

3. 互评、自评、师评多种方式有机结合

《义务教育语文课程标准(2011年版)》关于写作评价建议部分给出了明确指示:"要引导学生通过自改和互改,取长补短,促进相互了解和合作,共同提高写作水平。"从这一要求中可以看出,语文教师应当转变传统的作文评价方式,将作文修改的权利还给学生,广泛地在学生间开展自评和互评交流。因此,在进行生活化写作评改时,语文教师可以先让学生进行小组或者同桌互改,培养学生评改作文的主人翁意识,使其快速地发现他人作文中的优缺点,从而更好地对比自己的作文,并在这之后再交换回自己的作文本实现自评自改,等自我批改完成后最终再交由语文教师审阅。在这整个过程中,能够充分抓住小学生阅读和批改他人文章的积极心理,端正自主性和合作性学习态度，所以建议语文教师按照互评—自评—师评的评改顺序，将这三种评改方式有机结合起来。另外，庄莎玲在相关文章中也提道："作文评改时，家庭、社会也要共同参与进来，通过多渠道展示学生作品，以取得同学、家庭乃至社会的认同和鼓励。"所以，家长帮评也是一个很好的作文评价方式。如今的很多家长都具备较高的学历背景和学习素质，因此家长可以在学生放学后坐下来静静地品读自己孩子的"作品"，帮助学生提出修改意见，不仅能够提高自己孩子的写作水平，而且能在一定程度上增进亲子之间的交流。

三、小学语文教师要做生活化的教师

（一）加强教师培训，促进教学观念的转变

积极学习有关教学的相关理论，不仅对语文教师的专业性发展有帮助，而且也关系到整个教育事业的兴衰成败。通过理论学习，教师能够系统地习得教育改革和发展的新理论，从而更好地跟上教育改革发展的发展趋势，学习当下先进的教学方法，并投入教学实践中。当然，这种理论的学习和贯彻需要教育相关部门以教师考核等有力的手段落实到每所学校中、每个教师身上，避免理论学习流于形式，弄虚作假。

（二）加强教师对写作教学生活化相关理论的学习

学者陈慕贞提出，在新课程背景下，语文教师应该主动接受、吸收外来知识，以持续更新自己的知识结构。学者徐素华认为，作为教师，要不断拓宽自己的学习视野，通过读书看报、上网等方式获得更多的写作资料，让学生不断吸收前沿的教育理论和思想，为作文打下良好的基础。理论是实践的源泉，首先，在实践一项新的教学理念时，语文教师应该把这个理念的相关理论掌握透彻，所以其自身应该培养起终身学习意识，主动阅读生活教育理论及生活化写作教学方面的书籍，并做好相关的学习笔记，以更新自己的知识储备。其次，在网络发达的现代社会，语文教师应该利用好线上学习机会，广泛下载并阅读知网的相关论文、订阅作文教学微信公众号、观看网络课堂的理论学习视频等，以时刻接触新的教学理念。最后，学校应该给语文教师提供更多的理论学习机会，多举办语文写作教学生活化专题讲座、与生活教育理论相关的学术研讨会，或者在课余时间派遣教师去高等院校进修学习理论知识，多鼓励语文教师参加短期的语文生活作文课程培训等，通过这一系列活动，能够让语文教师学习到作文教学的最前沿理念，从而更好地指导自身的生活化写作教学。

（三）积极开展教研活动，实现教师间的交流

教师的专业成长应当通过教学实践的反复进行得以实现，同时写作教学生活化作为一种新的教学理念也应在实践中应用、探索并改进。首先，学校应该积极开展作文教研活动，组织优秀的语文教师精心备讲生活化写作教学的公开课，设立典型供所有语文教师观摩学习，同时开展"一帮一师徒结对"工作，由作文教学方面经验丰富的老教师指导年轻的新教师进行写作教学生活化的实践，促进教师之间的合作与交流；其次，学校应当定期开展生活化作文教学的赛课评比活动，争取给每一位语文教师都带来机遇和挑战，给他们提供教学表现的机会，以便让他人发现自身在教学过程中所出现的问题，继而进行深刻的教学反思，同时也能够更好地实现教师间的交流和学习。并且在开展教研活动和赛课评比的过程中，语文教师通过体验一系列有趣的观摩课，能够切身感受到写作教学生活化课堂的魅力，从而易产生教学兴趣，方便形成生活化写作教学惯性。

四、平衡三维教学目标，追求学生内在体验

大多数语文教师在进行写作教学生活化时都是以三维目标来设计教学的。但据相关调查，个别语文教师通常不能充分地制订三维目标，并将其应用于实际的教学过程中，使用的是一维教学目标对学生进行写作教学。因此，应当通过减少对写作知识和技能方面的目标设计、确立学生的主体地位，追求学生内在的体验和表达。

（一）适度减少对写作知识和技能方面的目标设计

语文教学目标的制订要科学恰当，要考虑学生的全面发展，从而全面提高学生的语文素养。在写作教学生活化的过程中，语文教师首先要改变传统的写作教学观念，减少对写作知识和写作技能方面的教学目标设计，而从生活的角度设计教学目标，旨在让学生切实理解生活与写作的内在关系，从而明白自己为什么要写作文。有的教师依据写作教学生活化的特征确立了相关的教学目标，如学生能够积极参与活动，走出课堂；学会与人合作交流完成写作；喜欢写作，热爱生活；养成求真务实的写作态度；树立追求真善美的价值追求等。这一系列教学目标在一定程度上减少了语文教师对写作知识和能力的过度偏重，平衡了三维教学目标，强化了教师在写作教学过程中的生活化意识。

(二)确立学生的主体地位,追求其内在的体验和表达

有的学者在小学语文写作教学目标设计过程中发现了教学主体意识模糊的问题,认为受传统的作文教学模式影响,教师习惯将自身看作教学第一主体,而忽视学生主体,所以设计的教学目标也未能立足于学生的实际发展需要。小学语文教师应当突破传统的"以教师为中心"的理念,转变机械的灌输教学方式,把学生当作写作教学的主体,能够让学生适度参与制订写作学习的目标。所以,语文教师可以事先征集学生的写作意见,即自己选择确定生活化的写作题材和写作内容,而后提出自己的写作疑难、自己最想学会的写作知识及最想解决的写作问题,语文教师再依据学生提出的问题和需要设计写作教学目标,继而更好地展开教学。与此同时,在进行生活化写作目标设计时,语文教师还应当追求小学生对其生活体验的表达,重视小学生的主体独立体验和感受。

五、融合使用多种生活化写作教学方式

个别语文教师在教学时缺乏对小学生生活化作文学习习惯的培养,这在一定程度上影响了生活化写作教学的效果。小学语文教师应该学习掌握使用多种生活化写作教学方式的能力,并且还要注重培养小学生的生活化作文习惯,如观察生活和记录生活等习惯,从而帮助其写出优质的文章。

(一)实践活动教学

实践活动教学在以往的甚至是传统的作文教学模式中也并不陌生,但只是依附于一定的校园活动,如扫墓活动、植树活动、春秋游活动,以及外出参观实践基地活动等,写作文只是语文教师在这些活动之后给学生布置的一项平常的家庭作业,并没有进行正规的写作指导等。实践活动十分有利于语文教师开展写作生活化教学,因为小学生喜欢参加实践活动,在这个过程中,他们能够进行充足而又具备个性化的情感体验,从而在此体验过程中获得新鲜的写作素材,促使其形成强烈的表达欲,真情实感得到充分流露。

黄翠琳在其文章中写道:"对于小学生而言,表达自己亲历的、有趣的活动见闻,是他们写作的快乐所在。"叶有梅在相关论文中写道:"儿童的天性是喜欢活动的,儿童的身心发展可以通过玩的方式得到很好的发展。"她认为根据小学生的特点,引导他们在活动中写生活作文可以从以下三个角度出发:其一,在活动之前进行策划写作,以此提高他们策划方案的写作能力;其二,进行活动过程中的记录写作,以帮助

其提高观察生活和记录生活的能力；其三，在活动过程后进行回忆写作，以此表达自己的实际情感和真实感悟。语文教师在采用实践活动教学方式时很少会从第一个角度出发要求学生，大多数都是以第二和第三个角度为教学侧重点。因此，在实践活动过程中，语文教师不能放任小学生只在活动中放松，而应该给出小学生适当的活动引导和作文指导，有目的、有计划、有步骤地进行生活化作文教学。

（二）故事演讲教学

李红在《让小学作文教学走近学生生活》一文中提出，在小学作文教学过程中，教师要重视培养学生的口头表达能力，为以后的写作打下良好的基础。语文教师在语文教学进程中可以安排学生在全班面前进行话题演讲，在课前给予学生相应的话题，以学号为顺序展开日常演讲训练。这样，一方面可以激起小学生的生活体验的兴趣，以帮助其积累一定的写作素材；另一方面，也可以培养学生口头语言的表达和组织能力，从而在写作书面语的进程中更加得心应手。另外，除日常训练以外，语文教师还应在语文写作教学生活化的过程中给予学生口头自主表达权，指导多名学生在写作课堂上以讲故事的方式分享自己的生活趣事和生活感悟。这种新颖的教学方式不仅能够吸引学生广泛参与表达，更能够在一定程度上激发他们的表达欲，进而在真正写作的时候下笔顺畅。

（三）图片、音频教学

多媒体演示下的图片教学和音频教学是目前一线小学语文教师使用最多的两种作文教学方式。聂金凤在相关文章中提道："应当采用图片、实物或者摄影、摄像的方法，在课堂上呈现生活中的观察、发现及生活瞬间，让学生反复观察、体验，交流感悟。"所以，这两种作文教学方式使用便捷、容易操作，并且在进行生活化作文教学时方便教师创设一定的生活情境，能够快速带学生走进生活化情景，因此成为写作教学生活化中最简单、最普遍、最基础的作文教学方式。但如果在写作教学生活化的过程中仅使用这两种教学方式，就会导致教学方式单一，并且也会同时影响到教学效果。因此，在进行生活化作文教学时，小学语文教师应以多媒体教学为辅，搭配使用其他新颖、有趣的生活化写作教学方式。

第七章　小学语文的教学评价

第一节　小学语文教学评价的介绍

一、教学评价的含义

　　教学评价，是对教学工作质量作出的测量、分析和评定；是以教学目标为依据，按照科学的标准，运用一切有效的技术手段，对教学过程和结果进行测评，并给予价值判断，为教学决策服务的活动；是对教学活动现实的或潜在的价值作出判断的过程；是研究教师教学和学生学习价值的过程。教学评价包括对教学过程中教师、学生、教学内容、教学方法、教学环境和教学管理等因素的评价，教学评价包含两个核心环节，一是对教师教学工作的评价；二是对学生学习效果的评价。

　　对教学效果进行评价，可以了解教学各方面的情况，从而判断教学的质量、水平和缺陷。全面客观的教学评价工作，不仅能评估学生实现教学目标的程度，而且能解释教学效果好差的原因。可见，教学评价如同对教学进行的一次严谨的科学诊断。教学评价的具体作用，包含以下三个方面。第一，激励作用。教学评价对教师和学生具有监督和强化作用，通过评价，能反映出教师的教学效果和学生的学习成绩。教学实践表明，在一定的限度内，经常进行记录成绩的测验，能有效激发学生的学习兴趣，促进课堂的有效教学，促进学生核心素养的提高。第二，调节作用。教学评价反馈的信息，可以使师生了解教和学的情况，师生根据教学评价的反馈信息，修改教学计划，调整教学方式，从而有利于实现预定的教学目标。第三，教学作用。评价本身也是一种教学活动。在这个活动过程中，学生不断获取知识和技能，智力和品德也获得发展，有助于促进学生的全面发展，有效促进了教学活动。

二、教学评价的类型

（一）相对评价、绝对评价和自身评价

1. 相对评价

相对评价，是指定一个团体，然后在这个团体中作一个基准，拿出这个团体中的个体，把这个个体和团体的基准进行比较评判，评价出来这个个体在这个团体中占一个什么样位置的一种评价方法。

相对评价有三个特点。第一，评价的标准是在被评价的团体中，作出的一个标准。它只是对于被评价的团体内部有效，对于指定团体以外的团体不一定有效。第二，团体中所确定的这个标准，只是对指定的团体作出的评估以后确定的标准，它与教学本身的目的没有直接联系。第三，评判出来的结果仅能说明被评判的个体在这个团体中相对的位置。

相对评价的优点有三个。第一，它的应用范围比较广，适应性也比较强。无论被指定的这个团体是什么样的一个状况，都是可以将个体和团体进行比较，而且也都能评判出个体在团体中相对的位置。第二，用建立在被评价团体评量的基础上的基准进行评价，找寻其中的一些差别之处，这样可以对被评价的个体对象做出比较公正、客观的评判。第三，用这种评判方法将团体中的个体和个体之间比较，可以激发被评价个体之间的竞争力。

但是相对评价的缺点有四个。第一，评价出来位置靠前的，也不一定就是客观优秀的，被评价出来位置靠后的，也不一定就是不优秀或差的，客观标准不高。第二，评价出来的结果，只能说明被评价对象在一定的范围内相对的位置，未必能够体现出来学生的真实水平。第三，教学目的的完成状况，很容易被忽略。第四，容易让竞争个体之间的一方受到伤害，打消另一方的学习积极性。

2. 绝对评价

绝对评价是评价被评价的团体之外的，把要评价的标准事先制定出来，然后再把要评价的对象和之前制定出来的评价标准进行比较，以这种办法来看被评价对象在评价标准中所处的绝对位置，这种评价方法就是绝对评价法。

绝对评价也有三个特点。第一，评价的标准是在被评价团体之外制定的，它对于每个要评价的团体都是有效的。第二，评价的标准是事先确立好的评价标准。第三，评价的结果可以表明被评价对象达到评价标准的情况如何。

绝对评价有两个优点。第一，会让学生有明确的方向和目标，可以提高学生的自觉学习能力，不受其他影响，提高学习的效率。第二，被评价对象在了解了评价标准以后，学生自己就会了解自己的真实能力，与评价标准之间的差距情况，这样会提升学生积极学习的劲头。

绝对评价也有缺点，主要有两点。第一，制定出来的评价标准不可避免地会有主观性，不能够全面客观的评价，其中也包括一些不合理因素等。第二，评价会使学生之间缺少比较，学生很容易满足，这样就不能形成良好的竞争、上进意识。

3. 自身评价

自身评价不同于相对评价和绝对评价，它的评价标准不建立在团体之中，也不是预先在团体之外建立评价标准，它只是学生自己的过去和现在进行对比评判，又或者是学生自己与自己的多个侧面进行的比较评判。

（二）诊断性评价、形成性评价和总结性评价

1. 诊断性评价

诊断性评价就是在确立好教学目的，在还没有实施教学活动时，对学生的摸底情况。这种评判是为促进学生的学习，不是要把学生分为三六九等，这种评价目的是要解决学生在日后学习中的障碍。如果要进行有效率的教学活动，制定合理的教学方案，就需要对学生的情况进行检测，需要慎重。但是在实际教学中，教师经常会忽略这种评价，总是将重点放在总结性评价上。其实如果没有诊断性评价，开展教学活动是不合理的，教学效果也是不明显的。在教学活动中，就会产生许多问题。这些问题不能够清楚地了解对学生施教的情况，最终导致教学效果不理想，不能达到预期的教学目标。学生是有个体差异性的，他们在许多方面都是不一样的，所以教师要多了解学生的不同之处。针对不同的学生，运用不同的方法。诊断性评价是具备这样的作用的，所以教师不要停留在传统的教学评价模式下，要与时俱进，根据学生的需要进行教学。新时代的教师要根据新课程的观念，在全面观察学生和了解学生后，作出正确的判断，因材施教，不断提高学生的语文核心素养。

2. 形成性评价

形成性评价是教学过程中的评价方式，在教学过程中评价得出结果后，检测之前的教学方案是否合理，是否能够有效使学生到达预期的教学成果。若不能达到预期的教学成果，就要找寻原因，是否需要重新制定教学计划方案，这种评价的根本目的是要改善教学中的存在的问题。所以说，在教学评价中，形成性评价是非常重要的。它能够在教学过程中发现存在的问题，改善或修正教学方案，这种教学评价的重要性是

不可以忽视的。

3.总结性评价

总结性评价是要在一段学期结束时进行的，这种评价是要检验和总结这一学期的教学成果，看看教学成果有没有达到教学阶段总计划。这种教学评价对教师和学生都是有积极促进作用的，它有着检验教学的功能，包括教学方法运用是否正确、教学方案设计是否合理等。

（三）定量评价和定性评价

1.定量评价

定量评价是指使用计算的方式来采集和整理资料，对被评价的目标做出定量结果的价值判断。这种评价方法重视数量计算，它是以教育测量为根基。这种评价方法的特点，具有事实客观性、准确化，量化性，还很简便。这样评价方法，具有选拔和甄别的教育评价需要。这种评价也有缺点，它到处都要量化，总是要强调稳定、统一，太注重计算。有的时候过于将信息量化，就会徒有虚表，这样就难免使评价结果不准确。定量评价会忽视一些不能被量化的信息，忽视学生的全面发展，忽视多元化的部分，把丰富的信息量完全数字化。所以在教学评价中，单独的定量评价是不可行的，要与定性评价相结合，这样才能更有效、更全面地反映出被评价者的真实信息。

2.定性评价

定性评价是指采用非计算的方式，依照教师对学生平时的表现、实际情况或者根据一些资料整理分析后直接作出结论性的评价方式。例如，教师可以给出评语，评价出学生所处的等级等。这种评价是使用权威的专业知识或者是通过有经验教师的经验，以讨论、比较等方式评价，它更注重观察、分析和总结。

定性评价比较注重学生的教育结果和目的之间的统一，注重学生长处和短处的调查。这种评价方法，注重实质性，关注目的和结果。定量评价方法更关注的是量化，而定性评价方法更关注的是学生"质"的走向。定性评价更重视学生全方位的发展性，体现了新课程的理念。尽管如此，定性评价也有缺点，有时评价结论不太具体，没有定量评价准确，所以还是要将定性评价和定量评价结合起来才更有效。

（四）自评与他评

自评是指被评价者依据评价标准，对自身的活动所作的价值判断。他评是指被评价者以外的组织或个人，依据评价标准对被评价者进行的评价。

长期以来，在我国开展的课堂教学评价活动中，选择的评价方式都是他评。他评，作为一种常用的评价方式，在课堂教学评价中，发挥着独特的优势。评价者结合评价标准，可以对课堂教学过程中的问题进行全面的分析，提出有针对性的建议。另外，外部评价者在评价课堂教学时，可以以客观、科学的态度分析课堂教学中发生的一切，得出的评价结果也具有较强的可比性。

自评一般指教师自身对课堂教学进行的反思与评价。虽然他评在课堂教学评价中很重要，但是无法完全取代自评在评价中的作用。教师本人对所评价的活动有着更细致的了解，教师的自我分析和评价，可以很充分地阐释自己的观点和依据，分析教学效果与预设之间的关系，从而使评价更真实和准确。另外，通过自我评价，教师可以通过对外在的评价标准进行深刻的领悟，使其转化为自我可以接受的评价准则，从而更好地用它来指导课堂教学。而教师在反思过程中，会发现自己的课堂教学与评价标准之间的差距，从而能有针对性地改进，不仅可以促进自身的专业发展，还可以使教学质量不断提高，有助于培养学生的语文核心素养。

三、教学评价的功能

语文教学评价包括两个核心环节，一是对教师教学工作的评价，即教师课堂和课外的教学评估；二是对学生学习效果的评价，即考试与测验。语文教学评价的方法，主要有量化评价和质性评价。斯塔弗尔比姆说过："评价不是为了证明，而是为了改进，这实际上是对评价功能最好的诠释。"语文教学评价，主要有以下四项功能。

（一）导向功能

语文教学评价体系的建立和完善，对于教学具有导向功能。特别是在课程改革过程中，评价内容和标准可以反映出语文教学的侧重点和价值取向。通过构建科学的语文教学评价体系，可以使教师和学生明确教学的重心和方向，以此来促进语文教学的改革与发展。

（二）诊断功能

从一般意义上讲，语文教学评价本身就是一个价值判断的过程。通过对语文教学过程中教师与学生的行为及效果情况的程度判断，教师可以有效地发现语文教学中存在的问题，并为语文教学提供有用的反馈信息，及时对语文教学作出调整和改善，促进语文教学质量的不断提高。

（三）激励功能

语文教学评价不仅是对教师的教学进行评价，也是为了激励教师有目的、有针对性地不断学习、改进和提高的过程。通过语文教学评价，教师可以清楚地了解语文教学中的优点、亮点、特点和弱点，为教师在今后的发展中提供内在的需要和动力。

（四）鉴定功能

通过科学有效的语文教学评价，不仅可以鉴定教师的工作态度、工作能力和业务水平，还能判断出学生的学习状态，以及语文教学的优劣。语文教学评价的这种功能，使其成了学校管理工作的重要工具和手段。课程改革特别强调，评价要重视发展，淡化甄别与选拔，实现评价功能的转化。这些规定，首先就给语文教学评价作出明确的功能定位，以此来保证语文教学评价活动的顺利开展和进行。语文教学评价不仅可以促进教学质量的提高，而且对推动教师专业的发展有很大的意义。

四、教学评价的理论基础

（一）建构主义学习理论

建构主义学习理论表示，掌握知识是学生从确切的环境，也就是社会文化环境中，依靠他人的帮助，通过各种教育资源，借助有意义的建构这一手段来掌握。建构主义学习理论是一种使人奋进的学习理论法，它能激发学生的学习兴趣，增强学生对知识的好奇心，调动学生学习的积极性。在学习的过程中，学生能够发现新旧知识的关系，用旧知识理解新知识，用新知识验证自己的猜测，从中学会自己总结规律。这样学生在课堂教学活动中，不仅能体会到自己成功的喜悦，还可以激发学生语文的学习兴趣。

建构主义学习理论认为，学习过程往往将学生自身经验当作前提来进行建构。建构主义者认为，学生的学习过程不是简单接受知识的过程，学生在学习的过程中需要教师的指导，需要学生间的相互交流合作，需要自己对知识的总结，从而形成对知识的构建。所以新课程改革下的语文教学活动，应强调以学生为主体，学生是教学活动中的主要角色，但也不能忽视教师在教学过程中的指导作用。从学生对知识的认识等方面来看，教师是学生的引导者和帮助者，而不是知识的灌输者。学生不是读书的机器，不能简单地接受知识，必须对所学知识进行深加工，对知识进行构建，提高学生理解和运用知识的能力。

（二）人本主义学习理论

20世纪中期，人本主义学习理论诞生于美国，其主要的影响人物是马斯洛和罗杰斯，其理论在20世纪70～80年代得到迅速的发展，对各个国家的课程改革都产生了巨大的影响。人本主义学习理论认为，对于在课堂教学中学习的学生，要把每个学生都看作是有主观能动性的个体，每个学生身上都有隐藏着独立学习的能力。通过教师的适当引导，可以挖掘学生身上隐藏的能力。罗杰斯将他著名的心理疗法"患者中心"的治疗方法，应用到教育教学领域中，从而提出了以为学生中心的学习观与教学观。人本主义学习理论认为，人体内的各种潜在的技能是可以通过自身的努力实现的，教育的作用只是给学生提供了一个自由、安全的教学环境，这样可以使学生的内在潜能能够得到自我实现。人本主义学习理论，为新课程改革下的语文教学评价提供了理论依据。

学生的教育要以发展为本，培养学生各方面的综合能力，主张在课堂教学活动中，构建平等和谐的师生关系。在教学中，所用的教学方法要以学生为中心，促进全体学生的共同进步和发展。根据人本主义理论可知，在教学中，对于学生来说，教师比较适合做一个引导者和帮助者，教师只能在教学中对学生进行引导和帮助，不能过多地干涉学生自主学习语文的过程，教师要给学生留出自主探究的时间和机会，切实提高学生的语文素养。

（三）后现代主义思想

后现代主义教育思想，是在现代教育的思想上进行反省、改正而形成的，强调教育思想应该多元化，推崇文化差异，尊重教师与学生之间的平等关系，注重培养学生的创新能力。后现代主义强调，对事物的认识要从多方面去理解和解释，即多元化理论方法。由于知识具有抽象性，它不是客观的一个具体物质，因此知识不会像某一具体物质一样呈现在人们的面前。学生对知识的理解，不能依靠教师的讲解。在语文教学中，教师是学生的帮助者和引导者。只有通过学生自己在原有知识的基础上对新知识的构建，再加上教师的指导，才能使学生真正理解知识。在课堂教学中，教师不能把学生看成是简单的知识接受者，要把学生看成是知识的探索者，这样有利于学生对知识的理解，提高学生运用所学知识解决日常生活中问题的能力。

随着科学技术日新月异的发展，人类已经进入一个科学创新的时代。各种各样的新事物不断产生，说明创新能力已经成为个人发展和社会发展的主要动力来源。这给人提供了一个能完全实现自我，展示自我的平台，使人能成为完整的人。后现代主义以尊重每一个完整的生命个体的宽广的胸怀，为生活在世界上的人提供一个能实现自我的成长平台。后现代主义思想重视的是人的发展过程，认为人们获得发展是在个体活动中得到的。在语文教学评价中，后现代主义给我们提供了这样的一种理念，即在教学中的每一个学生，都是独一无二的，每个学生都有自己的优点和缺点，有自己本身特点。所以在课堂教学中，不能以统一的标准来衡量课堂上学生的学习程度和发展水平。对于不同的学生，给出的评价也要不同，要给学生留有一定的发展空间。

（四）元认知学习理论

元认知学习理论主要有三个组成部分，分别是元认知知识、元认知体验和元认知监控，这三者之间既相互影响，又相互联系。

1. 元认知知识

元认知知识是一种与认知活动与影响认知活动相关要素的知识，主要包含以下三个方面。一是人关于对自己在认知结构方面的一切认知特点的认知；二是人们在学习的过程中，对学习方法、学习目标和学习材料等方面的认知；三是在个体的学习过程中，对学习策略的认知，包括对学习方法的调控、选取及辩证等。

2. 元认知体验

元认知体验是个体在进行认知活动的同时，产生的关于认知与情感这两方面的体验。一方面，是在个体进行认知活动中，得到知识和构建知识而产生的喜悦体验。另一方面，是个体在进行认知活动中，出现的情感、感觉等方面的变化，从而产生察觉。

3. 元认知监控

元认知监控是元认知的核心知识，主要是关于人们在认知活动中，对其进行有意识的注意，即对自我认知的过程进行自我监控和自我调节。元认知监控，主要是对认知活动的过程进行监控而不是认知结果，其强调监控的对象是自我，并没有突出对元认知的作用。元认知监控还包括对认知活动进行之前做好认知计划，做好在认知过程之中的监考方法。此外，对认知过程必须不断实施监控，做好个体自我监控和调节，监控的结果是对其不断完善。

元认知作为一种学习的理论知识，即是一种认知的知识理论。掌握好认知学习理论，对提高学生的语文素养有着重要的作用，与其有着相辅相成的联系。大量研究证明，元认知学习理论在学生的学习过程中发挥了重要的作用，所以教师要重视元认知学习理论在教学评价中的作用，重视学习方法，重视自我调控，构建科学的语文教学评价体系。

（五）班杜拉的行为自我调节理论

美国著名的心理学家班杜拉认为，个体在自我活动的过程中对自己行为的自我调节，包括自我观察、自我判断和自我反应。

1. 自我观察

自我观察，指的是人们在进行活动的过程中，根据不同的评价标准，对其各个方面的关注和观察。人们的行为活动可能存在多方面的变化，如质量、思维性、创造性和差异性等。个体对自我行为活动等方面的观察重点不同，人们无论是对事物还是人体行为活动的观察，都是有自己的选择性的，从而忽视了某些无关的方面。例如，在体育赛场上，人们关注的是比赛过程和结果，忽视了运动员的训练情况。班杜拉认为，自我观察在自我调节中有着很重要的作用，主要体现在以下两个方面。第一，自我观察可以给现实的行为准则和行为评价准则提供正确可靠的依据；第二，自我观察可以提供加强对自身思维能力和行为准则的注意，促进自我发展。影响自我观察的主要原因，包括时间上具有形似性、反馈信息、动机水平、行为价值、观察到成功和失败。

2. 自我判断

自我判断，指的是根据人们在自我的行为活动中，确立的某个目标，通过这一确立的目标，来衡量人们自己的实际行为活动与标准的目标存在的差距，从而引起人们自我评价的过程。自我判断的主要准则，是自己对核心标准的建立。许多评价自我行为的活动没有绝对的标准，无论什么样的评价都是需要比较的，只有通过比较才能得出结论。例如，在学生的测验考试中，一个学生考试成绩得了 90 分，要想在班上或在年级上排到较靠前的名次，就必须知道其他学生的成绩。通过对比和比较，才能得出结论。

3. 自我反应

自我反应，指的是人们在自我评价后，产生的各种体验，包括喜悦、悲伤和满足等。自我反应的主要基础，是满足个人兴趣和个人自尊。当人们的活动行为达不到标准的行为准则时，会使人们工作没有积极性，渐渐消沉。当人们的活动行为完全达到标准的行为准则时，可以提高工作者的工作兴趣，增强工作者的工作积极性，也可以提高学生的学习兴趣，增强学生的学习积极性，提高教学效率。

五、开展小学语文教学评价的意义

随着新课程改革的推进，作为小学传统文化课的重要部分，语文教学也在不断地寻求突破。教师是教学的主要参与者，也是课堂教学过程中最活跃的因素。作为调控教师课堂教学行为的主渠道之一，课堂教学评价是诊断教师具体教学工作的主要措施。在规范教师教学行为，改进教师教学实践上，发挥着极其重要的作用。

发展性教学评价思想，是20世纪80年代发展起来的一种关于教学评价的理念，它是针对以分等奖惩为目的的终结性评价的弊端而提出来的，主张面向未来，面向评价对象的发展。发展性评价，是在事物发展进程中，综合发挥教育评价的多种功能，运用多种科学的评价手段，诊断出事物发展中产生的效果和存在的问题，激励评价者和被评价者发扬成绩，对照问题、改进自己、完善自己，然后求得发展。因此，发展性课堂教学评价对于帮助教师了解自己的课堂教学实态，改进教学方法与技巧的运用，促进教师专业发展，强化教学管理和师资队伍的建设，提高教学质量和效益均具有重要的导向和激励功能。

基于教师发展，研究小学语文发展性课堂教学评价，使之适应新课程改革的要求，充分发挥评价促进教师提高和改进教学实践的功能，将直接关系到小学课堂教学效果的改善和学生学习质量的提高。开展小学语文发展性课堂教学评价研究，具有以下四个方面的意义。

第一，有利于促进教师专业发展。发展性课堂教学评价的目的是为促进教师的发展而不只对教师进行奖惩，更注重师生的课堂体验。评价标准灵活开放，弘扬教师个人的教学风格与创造性；自评和他评有机结合，注重教师的自我评价；能够调动教师的积极性和创造性，为教师提供一种不断发展的动力，激发教师自觉钻研并努力提高自己教学水平的内部动机；引导和帮助教师不断地提高课堂教学质量，为教师成长提供有用的反馈信息，促进教师的专业发展。

第二，有利于促进学生全面发展。根据新课程改革的"发展性"理念，发展性课堂教学评价对教师提出一定的发展性目标和发展性的评价技术和方法。同样，在教学评价中，也关注对学生的学的状态与进程进行价值判断，并对学生发展的进程进行评价，进一步促进学生在知识与技能、过程与方法、态度情感与价值观方面全面和谐的发展。

第三，有利于促进学校管理与发展。学校的发展和教师的发展既有一致的方面，也有差别的内容。在评价实践中，会出现矛盾情形。发展性课堂教学评价，就是谋求克服学校发展与教师发展之间分歧的有效策略。它扬弃了基于"经济人"理论而采用金钱和奖励来刺激教师工作积极性的做法，最大限度地满足了教师尊重和自我实现的需要，使教师群体团结协作，人际关系和谐，形成了教师个体、群体和学校管理者之间融合的局面，有利于实现教师发展和学校发展最大化的融合。

第四，有利于促进语文课程改革。发展性课堂教学评价可以为教育体制的改革提供各方面的信息，并以此调整改革的方向和进程，有利于加速课堂教学的改革和发展，从而进一步深化基础教育的改革，成为促进学生素质全面发展，教师业务水平不断提高，提高课堂教学效率和推进新课程改革的武器。

第二节 小学语文教学评价的现状

一、小学语文教学评价的现状调查

（一）对教学评价目的的调查

在问卷调查中，当问及"您所在学校是基于什么目的开展语文教学评价活动的"时，69.1%的教师选择了"促进教学水平的提高"，24.1%的教师选择了"使管理部门了解教师情况"，6.8%的教师选择"用于对教师的奖励和惩罚"。这个结果说明，一部分学校是为了提高教师课堂的教学水平而开展教学评价，另一部分学校是想通过教学评价了解教师的基本情况，极少数学校是为了对语文教师进行奖励和惩罚而开展教学评价。从这些角度来看，教学评价更多地是可以促进教师的专业成长和课堂教学水平的提高。

在语文教学实践过程中，面对"为什么评价"，教师普遍反映通过课堂教学评价，可以促进自身的专业发展和进步。从学校的角度来讲，则是更多的为了教学水平的提高来开展教学评价活动。但是也会有一部分语文教师抵触课堂教学评价，认为课堂教学评价过于形式化，他们在日常教学工作中没有时间进行评价。

（二）对教学评价内容的调查

1.学生在课堂上的表现

几乎所有参与访谈的教师都提到了在进行教学评价时，要关注学生在课堂上的表现。学生在课堂上应该真正地活跃起来，积极地参与到语文学习活动中，与教师进行思维层面的交流，并且最终要有所收获。进行语文教学的目的，就是为了使学生在语文教学的过程中，掌握知识，提高能力，培养学生运用语文的能力，让学生能够在各方面得到发展。在语文教学中，教师要关注每位学生的发展，注重培养学生的语文核心素养，关注学生在课堂上的表现。学生在课堂上的表现的评价内容，包括学生的表现是否活跃、学生能否主动学习语文知识、学生能否与教师或同学进行交流和学生是否有所收获。对于以上内容，教师在评价时应引起注意。

2. 教师的教学设计及实施

（1）教师能否调动学生的积极性

调查显示，大多数教师认为在评价一堂语文课时，要关注教师是如何调动学生积极性的，教师的教学设计如何调动学生的思维，使学生积极主动地参与到语文教学活动中。一堂好的语文课，应该能调动学生的积极性，使学生主动参与到教学活动中，有助于发展学生语文核心素养，这也符合《小学语文新课程标准》的要求。

（2）教学内容难易度是否适当

教师选择的教学内容的理想状态是要突破知识的界限，思路开阔，教会学生学习语文这个学科的方法，而不仅仅局限于纯知识性的东西。对语文教学内容的选择和组织，要尊重教材。语文新课程改革以来，对于教学内容的选择和组织，一直是教师们不停探索的问题。其中，最难把握的就是教学内容的深度和广度。教师要深入学习相关教育教学理论，认真研读《小学语文新课程标准》，根据小学生的认知规律，结合实际教学经验，对教学内容做出自己的思考和见解，准确把握教学内容的难易度。

（3）教学方法是否恰当

在访谈中，一位教师提到，在教学时采用的教学方法也是语文教学评价的一个重要方面。为了达到良好的教学效果，有效达成预期的教学目标，教师采用什么样的方法，显得尤为重要。这位教师强调，教学方法并不是固定不变的东西，应该具体情况、具体分析，而不应该硬性地规定使用什么教学方法。他认为，教学方法是因人而异的，只要合理、有一定的灵活性即可。

（4）教学目标是否落实

在访谈中，一位语文教师谈到了教学目标的问题。他认为，评价一堂语文课主要还是要看三维目标的落实情况。无论课程怎么改革，知识目标都是必须要落实的。能力是在掌握知识的基础上形成的，两者是相互渗透的，而在教学中，培养学生的情感态度与价值观目标也是比较重要的。在问卷调查中，教师们普遍认为，新课程中语文的教学目标必须是"三维"的，不仅要明确具体，而且一定要在教学中得到充分落实，使学生的核心素养不断提高。

（三）对教学评价方法的调查

接受访谈的语文教师们对质性评价比较赞同，在他们的日常教学中，通常以质性的教学评价居多。一位教师认为，评价的方式取决于评价的目的，那些采用评价表格的往往是一些评比活动，而平时评课主要还是通过语言的交流。如果是竞赛性质的教学，可能打分的形式要好一些；如果是平时的听课，以口头的语言交流更好一点。而另一位教师则否定了采用量表的量化课堂教学评价方式，他觉得用评价表格评课太死板，把课堂弄得千篇一律，课堂上许多丰富多彩的东西会被量表格式化。

据调查显示，在日常教学过程中，语文教师通常会采用质性的课堂教学评价方式，即听课后集体评议，而对量表式的评价方式则使用很少。另外，语文教师们认为教师本人是比较适合评价语文课堂教学的，他们认为教师的自我反思与评价开展起来方便、有针对性，对提高教学质量的作用比较明显。

二、小学语文教学评价中存在问题的总结

（一）语文教学评价功能缺失

1. 教学评价游离于教学实践之外

教学评价原本应是语文教学工作的基本环节之一，但是在教学过程中，我们发现它游离于语文教学实践之外。首先，一些学校的教学管理阶层没有对教学评价给予一定的重视，认为教学评价对于教学管理的作用不大，因此很少开展这种评价活动，导致没有在学校范围内形成良好的评价氛围。其次，语文新课程改革实施以来，语文教师时时刻刻都在思考如何能跟上语文新课程的脚步，如何能让学生更好地学习语文、理解语文。但是他们却忽略了课堂教学评价在语文新课程实施中对教学的导向和诊断的作用。所以课堂教学评价，尤其是语文教学评价，似乎正在逐渐淡出学校管理者和语文教师的视线。

2. 教学评价的形式大于内容

即使开展课堂教学评价，部分学校也只是定量地要求任课教师在一定时间内听课，上交一定数目的听课记录即可，缺乏真正意义上的教学评价。另外，一些有一定经验的语文教师，本身很排斥课堂教学评价。他们认为这种评价活动对于自己不具有什么意义，自己的语文教学也不会因为评价而发生本质的改变。在这些语文教师的眼中，教学评价仅仅是一种形式。因此，学校开展的形式化的课堂教学评价活动和语文教师对课堂教学评价的排斥，也决定了这样的评价不可能有实质性的内容。在语文教学实践过程中，教学评价可以发挥的功能必然会缺失。

（二）教学评价标准不科学

语文教师们对于如何评价一堂语文课，都有着各自不同的看法，每位教师心目中

也都有一堂好的语文课的标准和尺度。但是具体到某一项评价内容时，教师们根据语文教学经验提出的评价标准与构建理想的语文教学评价体系还存在一定差距，评价标准的提出缺乏理论指导。

大多数语文教师是依据自己的教学经验提出语文教学评价标准的，缺乏相关理论的指导。当前，比较流行的多元智能理论、人本主义教育思想、建构主义理论、后现代主义教学观等教育理论，对我国基础教育课程改革都有一定程度的影响和借鉴价值。但是由于语文教师教育背景的差异，他们对这些教育理论的认识程度有所不同。在语文教师根据自己多年的教学经验总结出来的评课标准中，有些是与当今教育思想理论相契合的，有些标准则不具备这样的特质。因此，语文教师在缺乏相关教育理论指导下提出的语文教学评价标准，具有随意性和偶然性，不能直接将其应用于语文教学评价中，不利于培养学生的语文核心素养。

（三）教学评价模式单一

根据调查结果显示，在语文新课程实施过程中，大多数语文教师是采用听课后集体评议的方式来进行教学评价的，而有一部分语文教师会自发地对自己的教学进行课后反思和评价。这说明，在教学实践过程中，语文教学评价的模式比较单一。

上文提到在教学实践过程中，相关教育工作者对课堂教学评价的功能认识缺失，这导致了学校管理者和教师把教学评价的目的定位在提高教师教学水平上，而与之相应的教学评价方式就只能是听课后集体评议。实际上，评价功能和评价目的是多元的。因此，与之相对应的教学评价模式，也是多种多样的。如果为了评价教师的教学工作和业务水平，那么这种目的驱使下的评价，应该充分发挥其鉴定的功能和作用。为了能有所区分或选拔，就更倾向于选择量化的他评模式。这种功能定位的教学评价，要求必须排出等级和名次，使最终评价结果能够为管理者或相关部门所用。如果评价目的是发现教学中的问题，提高语文教学质量，就应该发挥教学评价的诊断、改进和激励等功能。质性的评价方法可能更适合，并且可以结合自评与他评，使评价者和被评价者都能接受评价结果，从而达到共同进步和共同发展的目标。

第三节　小学语文教学评价的指导思想

一、关注学生的发展

课堂是学生在学校学习知识的处所，课堂教学的构成部分是教师和学生。在课堂教学过程中，教师必须关注学生的上课状态。小学语文新课程理念强调，在课堂教学中，教师必须充分尊重学生的主体地位，充分调动学生的学习积极性，使学生主动参与到课堂教学活动中，构建活泼热闹的教学氛围。教师要以新课程理念为指导，关注学生的发展，充分发挥学生的聪明才智，积极与教师和同学交流，高效地掌握语文知识。在积极参与课堂教学活动中，提高学生的语文核心素养。

在传统的语文教学活动中，教师所占据的位置往往比学生要高，教师扮演着知识的绝对权威者。这种绝对权威，造成了教学活动中教师与学生的不民主性，对学生的学习产生了消极的作用，阻碍了学生的发展。即使教师的初衷是好的，但在这样的教学气氛下，往往会适得其反，从而达不到预期效果。在语文教学活动中，学生是教学的主体。要想使教学取得良好的教学效果，教师必须充分调动学生的积极性，使学生积极主动地参与教学活动中。所以在新课程改革下的语文教学活动中，教师要关注学生的发展，尤其是关注学生的心理变化，关注学生的成长体验，着重培养学生的语文核心素养。在教学活动中，教师应多给学生创造各种机会，调动学生在课堂上的学习积极性，激发学生的语文学习兴趣，锻炼学生用语文进行交流的能力。

当学生在语文学习过程中出现错误时，教师不应该急着去责怪学生，而应帮助学生找出问题所在，帮助学生深入理解语文知识。当学生积极主动发言时，无论观点是否合理，教师都不要去阻止学生的发言，而是要鼓励学生多发言，并对学生予以适时的指导。这样教师才能及时了解学生的心声，调动学生自主学习和探究语文知识的积极性，才能不断提升学生的语文核心素养，使学生不断发展和进步。

二、关注教师的发展

在语文教学中，教学的评价管理方式必须使制度和人本管理相结合，保证教师的发展，使教师的教学能力得到提高，以适应新课改的发展。学校教育的发展离不开人，人是构成学校最小的个体，主要包括教师和学生。衡量学校教育的好与差，其最终的衡量准则是看学生的发展。学生是学校的主体，学校教育如果偏离了学生的发展，将不再有意义。在学校教育中，教师是学生的帮助者、指导者和引导者，教师的发展直接影响着学生的发展。因此，在语文教学评价中，学校领导应该重视教师的发展，促进教师的专业发展，提高教师的教学质量，鼓励教师在教学中发挥创造性思维。

促进教师的发展，就是要使教师积极研究教育教学，成为一名真正的教育研究者。这不仅是语文教学的需要，也是教师不断满足自我发展的需要。因此，学校应该采取多种措施来帮助教师自觉地投入到语文教学的研究中。通过不断地研究和教学经验的积累，使教师能更好地掌握真实有效的教学方法，真正提高教师的教学能力。在这个过程中，教师能吸收到更多的新课程改革理念和他人先进的成果，从而改进自己的教学方法，提高教学的质量。

在小学语文教学评价中，促进教师发展的方法包括以下三个方面。第一，学校要经常组织教师进行培训，提高教师的不断学习意识，使教师树立起先进的教学观念，准确把握《小学语文新课程标准》，恰当地选用教学方法。在教学中，学校要经常开展公开课、优质课等教学活动，鼓励教师积极参与这样的教学活动。以此为基础，建立起一支具有专业素质的语文教研队伍。通过语文培训活动，促进教师的专业发展，提高教师的语文教学能力。第二，学校可以将教师的教研列入年终考核表，及时对取得教研成果的教师给予额外的奖励，鼓励更多的教师参加教研活动。第三，教师要培养自学意识，不断提高自己。随着科技的迅猛发展，知识的更新日新月异，每天都有新知识的产生。因此，教师应该与时俱进，努力学习，养成良好的自我学习习惯，这对自身知识的不断更新有着重要的意义。在小学语文教学评价中，关注教师的发展，是促进学校和教师可持续发展的关键，具有重要的现实意义。

三、关注师生间的平等互动

在传统的语文教学中，教师占有主体地位，学生处于被动听讲的地位，师生间缺少交流与互动。教师处于教学活动的中心地位，教学是围绕着教师来进行的，忽略了学生的主体性。在语文教学中，学生缺乏交流的机会，在教学活动中没有发言权，在教学中只能被动接受。所以在传统的语文教学中，体现的是一种不平等的师生关系，即教师的"教"与学生的"学"的关系。传统的语文教学过程主要重视教师在教学中的"教"，但忽视了学生在教学中的"学"，只注重对语文知识的传授，而忽视了学生在情感等方面的变化。在语文课堂上，教师往往把自己当成绝对的权威，完全按照自己的思想来进行教学活动，学生也已经习惯了被动听讲，缺乏对语文知识主动探究的积极性。对于教师在教学中讲授的语文知识，学生很少持质疑态度，不利于学生创新能力和核心素养的培养。在设计教学活动时，教师往往只考虑教学内容、教学方法等，只考虑怎么"教"，却不考虑学生怎么"学"，师生间缺乏平等的互动。

以上语文教学中存在的问题，都是传统语文教学中的问题。新课程改革下的师生之间关系，应该是和谐的，是教师与学生能共同接受的，能够促进教师发展和学生发展的关系。在课堂上，教师希望自己的教学活动能够顺利实施，希望学生能在问答问题环节回答出预想的答案。在教学活动中，教师的主要任务是帮助、指导和引导学生学习，使学生的学习程度更进一步提升。在这样和谐的环境下，学生能更好地完成自己的学习任务，提高自己的语文学习水平，这也符合新课程改革理念下的师生之间的民主平等关系。

那么在小学语文教学中，教师应该怎样做，才能构建师生间的平等互动关系呢？师生间的互动主要是通过"对话"来完成，所以只要把握好师生间的"对话"，就能达到真正的平等互动。在小学语文教学中，教师可以从以下四个方面来实现师生间的平等互动。

（一）平等对话

在课堂教学中，不是由教师口头向学生传授知识，不是一方给另一方进行强行灌输，这样也就不会真正形成教师与学生之间的"对话"，偏离了"对话"本身的含义。教师应采用恰当的教学方法，调动学生参与语文教学活动的积极性，使学生积极主动地学习语文知识，提高小学语文的学习效率。

（二）互相信任

在语文课堂教学中，师生间的互相信任是"对话"的先决条件。如果离开了信任，这样的"对话"就不再平等公正。在语文课堂教学中，师生间应该相互信任，为达到民主平等互动打下良好的基础。

（三）鼓励学生发言

在语文教学活动中，师生间进行对话时，教师应该适当给予学生鼓励，使学生积极发言，激发学生的语文学习兴趣，促进师生间的民主平等对话。

（四）互相尊重

在教师与学生的对话与交流中，教师不能以傲慢的态度与学生交流，要充分尊重学生，学生也要尊重教师。只有师生互相尊重，才能实现师生间的平等互动。

从以上四点可以看出，要真正实现课堂上的平等互动，教师就要秉承平等、信任、鼓励和谦虚的态度，这也正是一个优秀教师所应具有的品质。

四、关注教学过程

传统的小学语文的教学评价，主要是针对结果，而忽视了对教学过程的评价。新课程改革下的教学评价，不仅要评价教学结果，还要评价教学过程，注重结果评价与过程评价相结合的方法。这种教学评价方法，主要针对教师在教学活动中的教学设计、教学目标、教学手段等，以此来判断语文教学的效率。因此在教学评价中，教师要关注教学的过程，重视其过程性。通过对语文教学过程进行评价，可以在一定的程度上激发学生对语文的兴趣与学习动机，发现语文教学过程中存在的不足，及时讨论解决问题的方法，不断积累小学语文的教学方法，提高语文的教学效率和学生的语文素养。

五、注重教学评价主体和方式的多元化

传统的小学语文教学评价的评价主体和评价方式比较单一。针对这一问题，《小学语文新课程标准》提出了语文教学评价的主体要多元化，评价方式要多样化。

（一）评价主体的多元化

评价主体多元化，指的是要改变以往语文教学评价主体的单一性，让教师、学生和家长共同参与到语文教学评价中来，使教师评价、学生自评与互评、家长评价等多种评价主体相结合。不同的评价主体，有不同的评价方案，评价的方式也会多种多样。通过综合各个评价方式，有助于从多方面来评价和了解语文的各方面教学情况，了解学生在课堂上的学习情况和教师的教学效果。以前只有教师才有权利去参与课堂教学评价，学生没有评价的权利，只能被评价。在语文新课程改革下，还原了学生作为学习主体的地位。学生应该积极参与到语文教学评价中，进行自我评价，更多地了解自身存在的不足，并不断改进，逐步提高语文学习能力和水平。通过学生之间的相互评价，了解自身与他人之间的差距，汲取别人成功的经验，有助于促进学生互相学习，共同进步。评价主体的多元化，有助于保证语文教学评价的全面性和准确性，有助于充分发挥教学评价的鉴定和诊断功能，促使教师不断改进教学方法，提高教学效率。

那么在语文教学中，应该如何实现教学评价主体的多元化呢？可以从以下四个方面着手。

1. 自我评价

学生自我评价是学生自我能力发展的重要组成部分。在教学评价中，学生可以采取表格式的自我评价，让学生对本节课知识点掌握的情况作出自我评价。这样有助于教师及时了解学生的学习情况，及时对下节课的教学及时作出调整，提高教学质量。

2. 学生互评

学生互评，也称为合作评价，学生以小组的形式，对语文的原理、设计、操作等方面互相评价，以此找出学生在语文学习中存在的不足。通过学生互评，学生能看到各自的差异，小组成员之间可以相互监督、相互学习、共同进步。

3. 家长评价

家长作为学生的第一监护人，有权利及时了解孩子的学习情况。家长可以通过了解语文教学活动的各个环节，可以通过表格、书面语言或口头语言对这一教学活动进行评价，也可以直接对学生进行合理的评价。家长与学校共同对学生进行科学监督，有助于促进学生的健康成长。

4. 学校领导评价

作为学校的最高管理者，学校领导有权了解语文的教学情况。学校领导可以深入到语文教学活动中，观察教学情况，以书面语或口头语的方式，对教学作出合理的评价，促进教师与学生的共同进步。

总而言之，小学语文新课程改革下的语文教学评价，要求实现评价主体多元化，这样才能顺应社会发展和新课程的发展要求，才能全面提高学生的语文核心素养。

（二）评价方式的多样化

传统的教学评价的目的，是为了了解教学结果，了解学生的考试分数，而不是了解学生的学习过程，忽视了学习过程的重要性。《小学语文新课程标准》强调，要结合教学结果和教学过程进行评价，既注重结果，又注重过程。通过结果性评价和过程性评价相结合，教师不断改进教学中的不足，提高学生对语文的兴趣，提高教师的教学质量，促进教师与学生的共同发展。在进行教学评价时，教师要拓展评价的范围，创新教学评价的方式，结合学生的特点，构建科学的小学语文教学评价体系，更好地发挥语文教学评价的作用。

那么，如何实现教学评价的多样化呢？教学评价方式的多样化包括许多内容，如与学生谈话、平时单元测试、面试、成长档案袋等，都能评价学生的学习情况。教师可以通过以下两个方面实现教学评价的多样化。

1. 日常评价

日常评价方式，主要是对学生在语文学习的过程中各方面表象的评价。这样的方式，不是通过平时的单元测试来评价学生的学习情况，而是通过学生日常学习过程中的点点滴滴来评价学生的学习进展情况，这样有利于促进学生语文能力的持续发展和提高。

2. 口头评价

在教学过程中，语言是教师与学生进行沟通与交流的工具。对于学生在教学过程中的表现，教师可以及时作出口头评价。这种评价方式能保证教学评价的及时性，对教学有良好的促进作用。多样化的教学评价，有利于教师认识到教学中存在的问题，及时改进教学方法，同时也有利于学生发现自己在语文学习中存在的不足，起到查漏补缺的作用，促进师生的共同进步和发展。

第四节 小学语文教学评价的理念

一、评价目的由甄别转变为以促进发展为主

发展性教学评价是一种重过程和评价对象主体性，以促进评价对象发展为根本目的的评价。它改变以分等和奖惩为目的的终结性评价的弊端，主张面向未来、面向评价对象的发展。发展性教学评价着力于人的内在情感、意志和态度的激发，着力于促进人的完美和发展，重视激励、调控与发展，淡化甄别与选拔，是以人为本的思想指导下的教学评价。通过开展课堂教学评价，可以使教师在相互之间的听课和评课活动中，互相学习、取长补短，不断提高自己的教学能力和教学水平，激发教师的内在需要和动力，鼓励教师逐步形成个人的教学特色。发展性评价，既是一种形成性评价，也是一种面向未来的评价。它不仅关注教师的过去成绩，而且还根据教师过去的工作表现，确定教师个人未来的专业发展需求，制定教师个人未来的专业发展目标，指明教师个人未来专业发展的努力方向。

二、评价功能由单一转变为多样化

发展性教学评价认为，今天的课堂教学评价应以促进教师的未来发展为立足点。课堂教学评价应着重于"导"，而不是"判"。它强调发挥课堂教学评价的激励和改

进功能，弱化鉴别功能。在不排除检查、选拔和甄别的功能外，更重要的是突出反馈调节、展示激励、反思总结和积极导向等功能。

三、评价标准由片面、单一转变为全面、多元

发展性教学评价尊重被评价者的个体差异，不以一个标准衡量所有的被评价者。它要求评价指标和标准是多元、开放和具有差异性的，对信息的收集应当是多样、全面和丰富的，对评价对象的价值判断应关注评价对象的差异性，这样有利于评价对象个性的发展。结合学校、学科和教师、学生及教学实际，还应充分考虑不同的课型，建立其富有多样性、选择性和个性化的评价指标。强调评价标准从单一性走向多元性，从静态性走向生成性。

四、评价手段由定量转变为定量和定性相结合

发展性教学评价，突出评价方法的多样化。在传统的评价中，量化往往成为单一方法，发展性教学评价在重视指标量化的同时，更加关注不能直接量化的指标在评价中的作用，强调质性评价，将定性评价和定量评价整合应用。这样既可以充分发挥各种评价方法的优势和特长，又可以互相弥补其缺陷和不足，从而使评价的结果更加客观和公正，更为全面地反映课堂教学的全部内含和意义，以体现新课程的基本理念。

五、评价主体由单一转变为多元

传统的教学评价把对教师的评价看作是学校管理人员的事，评价对象往往处于"被告"的不利地位，能被动地接受评价。《新课程标准》认为，"课堂教学评价是评价者与被评价者共同构建的多元价值判断过程。"发展性教学评价主张，使更多的人成为评价主体，特别是使评价对象成为评价主体，重视评价对象自我反馈、自我调控、自我完善和自我认识的作用。因此，评价者和被评价者必须加强交流与对话，使评价成为民主参与、协商和交往的过程。教师与学生不进是评价的客体，也是评价的主体，应该参与评价的全过程。从把评价对象仅看作是客体，到重视评价对象的主体性。要使教学真正得到改善和提高，必须通过教师对自我的正确认识和主观努力才能实现，重视发挥自我评价的作用。

第五节　小学语文教学评价的原则

一、客观性原则

客观性原则，是指在进行教学评价时，从测评的标准和方法到评价者所持的态度，特别是评价的最终结果，都应该符合客观实际，不能主观臆断或掺杂个人情感。因为教学评价的目的在于给教师的教和学生的学以客观的价值判断，如果缺乏客观性，就使教学评价失去了意义，从而会导致教学决策的错误。

二、整体性原则

整体性原则，是指在进行教学评价时，要对组成教学活动的各个方面做多角度和全方位的评价，不能以点代面，一概而论。由于教学系统的复杂性和教学任务的多样化，使教学质量往往从不同的侧面反映出来，表现为一个由多种因素组成的综合体。为了反映真实的教学效果，必须把定性评价和定量评价综合起来，以求全面、准确地评价客体的效果。同时，教学评价要把握主次，区分轻重，抓住决定教学质量的主导因素。

三、指导性原则

指导性原则，是指在进行教学评价时，要把评价和指导结合起来，对评价的结果认真分析，从多方角度找出因果关系，确认问题产生的原因，并通过及时、具体、具有启发性的信息反馈，使被评价者明确今后改进的方向。

四、科学性原则

科学性原则，是指在进行教学评价时，要从教与学统一的角度出发，以教学目标为依据，确定科学合理的评价标准，认真编制、预试和修订评价工具。在此基础上，要使用先进的评价手段和统计方法，通过科学的评价程序和方法，对获得的各种数据进行严格的分析，杜绝依靠经验和直觉进行主观判断。

科学性原则，是人们做任何事情都追求的目标。发展性课堂教学评价，作为一个体系，必须要遵循一定的科学性，实施方面具有可操作性。为保证评价的科学性，应制定切实可行的评价方案。在制定评价体系中，尤其是内容体系时，尽可能使评价的指标行为化，力求充分反映学科教育发展和教师未来发展要求，并同学校发展需求和发展方向紧密结合。评价材料的收集、整理和分析，应科学可靠；评价人员的分配和信息的处理，应科学合理，应能如实地体现出语文教师课堂劳动的特色，反映出教师的教学水平和教学质量，使教师能从评价检查中获得可靠的反馈信息。

五、发展性原则

教学评价是鼓励师生改进教学的手段，因此教学评价应着眼于教师的教学水平和能力的提高，着眼于学生的学习进步和动态发展，以此调动师生的积极性，提高语文教学的质量。

发展性课堂教学评价，应以促进教师的教学专业化为目的，注重发挥教学评价，促进教师提高和改进教学的功能，淡化甄别与选拔的功能。发展性课堂教学评价，以语文学科特点为依托，按照课程标准的要求，实施以"成长记录"为基本评价方式，具有注重教学过程、强调质性评价，提倡评价目标与主体多元，强调参与与互动，关注个体差异等特征。发展性教学评价强调，对评价对象人格的尊重，强调人的发展。因此，在建立发展性课堂教学评价指标体系的过程中，必须体现出发展性教学评价的理念与观点。评价指标的设定，必须具有导向性和前瞻性。要根据教师教学专业化的内涵，确定指标，坚持用发展的眼光看待每一位教师的教学。

六、激励性原则

传统的语文教学评价过于强调其甄别功能，只有少数教师在评价中能够获得鼓励，体验成功的快乐，严重挫伤了教师的积极性。发展性课堂教学评价，是以发展为目的，面向未来、面向全体成员的一种评价机制。用发展的观点正确地看待评价对象的成功与失败，把教师看作是正在成长发展中的个体，承认教师的专业成长需要一个过程，对于被评价教学的任何一点进步都要加以肯定，激励其前进。同时，对他在评价过程中效果不理想的，应该给予改进提高的机会，这样评价双方才有信任感，从而把评价看作是促进教师专业成长，激励教师进步，进而推动语文教学评价发展的有效手段。

七、开放性原则

传统的课堂教学评价的标准，面向很大范围内的教师，并且不因教学内容的性质、教师的教学风格等因素而灵活变化，但课堂教学过程是一个动态生成的过程，因而传统教学评价缺乏开放性。在课堂教学动态生成的过程中，会出现各种不在预期范围的效果，如教师处理课堂教学突发事件时，产生的教育机制等。这些非预期效果的表现形式，可能是外显的，也可能是内隐的，一个统一的标准不可能全部包容。因此，发展性课堂教学评价的标准，应该是一个开放的体系，评价标准必须相对灵活、有弹性。

第六节 小学语文教学评价的方法

随着我国新课程的推广，人们对语文评价目标的认识发生了很大的变化。传统的小学语文教学评价只注重"双基"的落实，忽视了语文能力、语文方法和语文情感的培养。《小学语文新课程标准》提出的教学评价，应从知识与技能、过程与方法、情感态度与价值观三个维度来表述。这三个维度在实施过程中，是一个有机的整体。教学目标的多元化，决定了教学评价的多元化，多样的评价手段能够针对不同的语文学习任务和不同程度的学生进行合理的评价，起到及时了解学生学习状况，促进语文学习的良好作用。常规的语文教学评价包括书面测验法、口头提问法等。按评价主体来划分，语文教学评价包括教师测评、学生自评、学生互评、家长参评等。按学习内容归类，语文教学评价包括"双基"语文评价、探究性语文评价、任务型语文评价、表达式语文评价等。按地点来划分，语文评价包括课堂评价、课下评价等。从学习成果来考虑，语文评价的形式更是丰富多彩，包括语文墙报、语文论文等。在教学过程中，教师应综合运用各种评价方式，强调语文评价的三个相结合，优化语文教学评价的效果，促进学生核心素养的发展。

一、形成性评价与终结性评价相结合

广义的形成性评价，是指在一个新的教育方案、计划和课程等的编制过程中和试验期间，为了获得修改、完善所需的反馈信息，而进行的系统性评价。美国教育家布鲁姆将形成性评价运用于教学过程，赋予了它一个狭义的概念，即在教学过程中，为了获得有关教学的反馈信息，改进教学，使学生对所学知识达到掌握的程度进行的系统性评价，即为了促进学生掌握尚未掌握的内容进行的评价。狭义的形成性评价，一般在每个单元教学结束时，通过形成性测试进行。通过形成性评价，师生双方都能在教与学的过程中得到有用的反馈信息。形成性评价是过程评价，它以提问、测验、口

答等各种检查的形式，对评价对象在到达终极目标的教学过程中，不断地明确达标的程度。教师通过多渠道和多方面的反馈信息，及时发现评价对象在学习过程中存在的问题，从而随时修正和调节教学活动。在日常的语文教学活动中，形成性评价总是伴随着教育教学过程而进行的。在形成性评价中，教师需要关心的问题是"哪些教学内容是学生已经基本掌握的""哪些教学内容是学生含混不清、尚未掌握的""哪些学生的学习还有困难，需要进行针对性辅导"，只有弄清楚了这些问题，才能准确地把握学生学习动态，及时地加以指导。所以说，形成性评价具有反馈、强化、改进和激励等功能。

终结性评价，是指一门学科的重要内容或所有教学内容结束时，教师对学生的学习效果及成绩进行的全面评价。终结性评价是偏重结果的评价，它具有高度概括性、评定全面性和难以逆反性等特点。鉴于两种评价方式的特性与功能，我们要有机地将它们结合起来。实际上，这种结合就是体现了过程评价与结果评价的结合。当前，有一种说法是片面的，即变重结果的评价为重过程的评价。这种说法虽然提出了过程评价的重要性，但是却忽视了结果评价。实际上，结果也是相当重要的。因为当前我们所指的结果，不是获得"双基"的结果，而是综合素质的体现。我们要综合"形成性评价"与"终结性评价"各自的优点与长处，在评价中提高教学效率和教学效果，在教学终结时进行评价，在评价中考查成绩，反观教学过程。

二、定性评价与定量评价相结合

定量的评价往往体现在对学生学习成绩的评价上，它对学生的学习是否有长进，以及学生之间相比有没有差距，提供了一个衡量的尺度。但是，分数受到多种因素影响与干扰，有时不能完全反映学生学习的真实水平。因此在进行教学评价时，教师要把定量评价与定性评价结合起来。定性评价，是指教师通过观察与分析，用恰当的评语对学生的学习作出的描述性的评定。相比之下，这种评价比打分数的评价难度要高得多。对学生语文学习的定性评价，除了包括对知识掌握程度的评价以外，还包括对学生教学参与度的评价。教与学，是教学实践中两项最主要和最基本的活动。教学活动是双向的，一方面是教师的教，另一方面是学生的学。布鲁纳认为，"现代的教学方法是教师与学生合作的方法"，因此学生的语文课堂教学参与度就显得尤为重要。语文教学除了课堂教学之外，家庭语文等也将作为教学内容的重要方面而加以重视。语文课外活动将作为重要的教学活动形式和课堂教学结合起来。因此，在语文教学评价中，教师要综合考虑学生语文学习的各个方面，采用定性评价与定量评价相结合的方式进行评价。

三、反思性评价与鼓励性评价相结合

在学生进行主体性评价的过程中，教师要引导学生主动开展反观、反思与反省活动。具体而言，可以通过对语文知识的回顾，对作业、练习与检测的剖析等方法，自觉找到语文学习中存在的问题与差距。对语文知识的回顾，是指教师教授完一节课后，学生脱离课本，在头脑中对本课的教学目标、重难点知识、语文学习方法，以及要建立的语文观念进行回顾。在回顾时，反思自己是否已经掌握了本课所学知识，存在哪些问题。找出问题后，通过自己思考或者向教师寻求帮助，解决问题，深化对语文知识的理解。

同时，教师在进行教学评价时，要善于鼓励学生，培养学生学习语文的自信心和兴趣。教师要善于发现学生在语文学习中的优异表现，鼓励他们的点滴进步，让他们看到自己的内在潜力与发展方向。对于成绩一般但进步很快的学生，教师不能吝惜表扬。教师还可以通过组织学习成果报告会，将学生的优秀成果分享给全体学生，使学生产生愉悦感与成就感，不断激励学生攀登新的学习高峰。

第七节 小学语文教学评价应注意的问题

一、评价目标与教学目标相一致

随着新课改的不断深入和发展，高分低能的人才已经无法满足社会的需求。培养全面发展的人才，已经成为许多学校与教师的重点任务，这也是《小学语文新课程标准》的要求。《小学语文新课程标准》强调提高学生的语文素养，促进学生的全面发展。要实现这一教学目标，就要在语文教学中重视培养学生的语文学习兴趣，引导学生自主，感受自主学习的乐趣。在进行教学评价时，教师应根据上述教学目标，采取恰当的评价方法，对语文教学效果进行客观的评价，不断提高学生的语文核心素养。

二、评价多元化

第一，评价主体多元化。传统的语文教学评价都是以教师评价为主。作为教学活

动主体的学生，却被剥夺了评价的权利。《小学语文新课程标准》中明确要求，在实施教学评价时，应注意教师的评价、学生的自我评价、学生间互相评价，以及家长和学校的评价结合起来。因此，在小学语文教学评价中，教师应该注意评价主体的多元化，采用多种评价主体相结合的评价方式，使教学评价能够全面地评判语文教学活动，找出在教学中存在的不足，为语文教学实践提供参考，不断提高语文教学的效率。

第二，评价内容多元化。传统的小学语文教学评价都是测评学生对语文知识的掌握情况，忽视学习语文的技能、过程、方法与情感。在新课程理念的指导下，教师应对学生的语文的综合学习情况进行评价。例如，学生的方法、与他人合作交流的能力、应用语文的能力等内容都可以列入语文教学评价的范围。

第三，评价方式多元化。传统的语文教学评价方式大都采用测试的形式，这种评价方法形式单一，甄别和选拔功能有余，激励和教育功能不足，抹杀了学生的个性。因此，在新课程理念的指导下，教师要坚持多元化的教学评价方式，坚持定量评价与定性评价相结合，过程性评价与终结性评价相结合，反思性评价与鼓励性评价相结合的原则。过程性评价强调学生的过程，如学生的学习态度、课堂表现、作业情况等。终结性评价只是强调评价的结果，一般有期中考试、期末考试等。教师必须认真对待教学活动中每一个环节的评价，努力发挥其对语文教学的促进作用。

三、评价要客观有效

在新课程改革的背景下，小学语文教师要树立以学生为本的教育观念，引导学生立足文本，鼓励学生表达自己的看法与见解。由于学生之间存在个体差异，思考方式也不同，因此教师应该允许学生的观点存在差异，保证语文教学评价的客观性和有效性。只要学生的见解符合情理，都要给予尊重与鼓励，培养学生独立思考的习惯。这样的教学评价，既激发了学生的创造性思维，又提高了学生学习语文知识的热情。

总而言之，在小学语文新课程改革背景下，教师必须改革语文教学评价。教师要认真贯彻新课程理念，使评价目标与教学目标要一致，实施多元化评价，保证评价客观有效，努力探索出科学的评价机制，为语文教学评价作出贡献，不断提高学生的语文素养。

参考文献

[1] 白金声.小学语文教学新体系[M].北京：教育科学出版社，2012.

[2] 杜永道.有问必答 小学语文教学疑难答问[M].上海：上海教育出版社，2018.

[3] 范锦飘.小学语文课外教学资源的开发利用[M].长春：东北师范大学出版社，2017.

[4] 付喜山.小学语文教学方法与思维创新[M].成都：电子科技大学出版社，2016.

[5] 江玉安.小学语文课程与教学导论[M].长沙：湖南师范大学出版社，2018.

[6] 姜树华.小学语文课堂教学的20个细节[M].南京：南京师范大学出版社，2016.

[7] 蒋蓉.小学语文教学设计[M].北京：高等教育出版社，2016.

[8] 刘文奇，袁桂萍.小学语文有效教学艺术探究[M].长春：吉林人民出版社，2017.

[9] 龙宝新.小学语文教学论[M].西安：西北大学出版社，2014.

[10] 莫莉.新课程小学语文教学的理论与实践[M].昆明：云南大学出版社，2015.

[11] 饶满萍.小学语文教学设计与实施[M].成都：西南交通大学出版社，2019.

[12] 宋秋前，钟玲玲.小学语文教学问题诊断与矫治[M].上海：上海交通大学出版社，2018.

[13] 王宗海.小学语文教学中的问题与对策[M].长春：东北师范大学出版社，2005.

[14] 温建新.小学语文互文性阅读教学研究[M].北京：中国传媒大学出版社，2016.

[15] 吴亮奎.小学语文教学设计 问题与方法[M].福州：福建教育出版社，2018.

[16] 辛洁，张爽.小学语文写字课微格教学设计[M].北京：首都师范大学出版社，2018.

[17] 徐晓燕.小学语文教学探索与实践[M].成都：电子科技大学出版社，2015.

[18] 郑雪琴．小学语文实用性文体教学 [M]．杭州：浙江大学出版社，2017．

[19] 支玉恒．小学语文课堂教学亮点 [M]．北京：教育科学出版社，2016．